Reclam XL | Text und Kontext

Dieses Buch wurde klimaneutral gedruckt.

Alle CO_2-Emissionen, die beim Druckprozess unvermeidbar entstanden sind, haben wir durch ein Klimaschutzprojekt ausgeglichen.

Nähere Informationen finden Sie hier:

Klimaneutral
Druckprodukt
ClimatePartner.com/14058-1912-1001

Sophokles
Antigone

Tragödie

Übersetzung von Kurt Steinmann
Herausgegeben von Mario Leis und Nancy Hönsch

Reclam

Der Text dieser Ausgabe ist seiten- und zeilengleich mit der Ausgabe der Universal-Bibliothek Nr. 19075. Er wurde auf der Grundlage der gültigen amtlichen Rechtschreibregeln orthographisch behutsam modernisiert.

Zu diesem Text gibt es eine Interpretationshilfe:
Sophokles, *Antigone.*
Lektüreschlüssel XL (Nr. 15483)

E-Book-Ausgaben finden Sie auf unserer Website
unter www.reclam.de/e-book

Reclam XL | Text und Kontext | Nr. 16106
2016, 2021 Philipp Reclam jun. Verlag GmbH,
Siemensstraße 32, 71254 Ditzingen
Durchgesehene Ausgabe 2021
Druck und Bindung: Eberl & Koesel GmbH & Co. KG,
Am Buchweg 1, 87452 Altusried-Krugzell
Printed in Germany 2022

ISBN 978-3-15-016106-7

Auch als E-Book erhältlich

www.reclam.de

Die Reihe bietet neben dem Text Worterläuterungen in Form von Fußnoten und Sacherläuterungen in Form von Anmerkungen im Anhang, auf die am Rand mit Pfeilen (↗) verwiesen wird. Quellen im Anhang werden mit dem Zeichen Q kenntlich gemacht.

Inhalt

Personen

ANTIGONE
ISMENE
CHOR THEBANISCHER GREISE
KREON
EIN WÄCHTER
HAIMON
TEIRESIAS
EIN BOTE
EURYDIKE
ZWEITER BOTE

Prologos (1–99)

Vor dem Königshaus in Theben, noch vor Tag. Aus dem Palast treten Antigone und Ismene.

ANTIGONE.
Ismene, Schwester, gleichem Mutterleib entstammt!
Kennst du nur eines der von Ödipus entsprungnen Leiden,
das Zeus uns beiden nicht im Leben noch erfüllt?
Denn da ist nichts an Schmerz und nichts, was Ate wirkt,
und nichts an Schande und Missachtung, das ich nicht
in deinen und in meinen Nöten hab gesehn.
Und jetzt – was ist dies wieder – wie man sagt – für ein Erlass,
den jüngst des Heeres Führer an die ganze Stadt ergehen ließ?
Hast du's vernommen, weißt es oder merkst du nicht,
wie auf die Freunde Unheil zukommt von den Feinden?
ISMENE. Zu mir ist keine Kunde über unsre Freunde,
Antigone, gekommen, weder bittere noch frohe,
seit wir beraubt sind, beide, beider Brüder,
die, einer durch des andern Hand, an einem Tage fielen.
Und seit vergangne Nacht die Streitmacht der Argeier
zurück sich zog, weiß ich nichts weiter mehr,
nicht, was mein Glück vergrößert noch mein Leid.
ANTIGONE. Ich konnt's mir denken! Drum beschied ich dich
vors Hoftor, dass du es alleine hörst.
ISMENE. Tief wühlt dich sichtlich auf die neue Kunde.
ANTIGONE. Hat Kreon nicht den einen unsrer beiden Brüder
des Grabs gewürdigt und dem andern schmählich es versagt?
Eteokles, sagt man, hat er, wie's die Ordnung will,
nach Recht und Brauch geborgen in der Erde,

3 **Zeus:** der oberste griechische Gott | 4 **Ate:** Göttin der Verblendung und des Unglücks | 15 **Argeier:** Bewohner der Stadt Argos

so dass er drunten bei den Toten Ehr genießt.
Doch Polyneikes' Leiche, der so kläglich fiel,
– es sei den Bürgern ausgerufen, heißt es – solle keiner
im Grabe bergen und bejammern, nein, man lass
ihn unbestattet, unbeweint, den Beutevögeln
als leckern Vorrat, wenn sie ihn erspähn, zum Fressgenuss.
Und solches, sagt man, hat der brave Kreon dir
und mir – ich sag: auch mir – verkündet,
und hierher kommt er, um es denen, die's nicht wissen,
genau zu künden; er erachte diese Sache keineswegs
für eine Nichtigkeit, nein, jedem, der so etwas tut, dem sei
hier in der Stadt der Tod durch Steinigung durchs Volk bestimmt.
So steht's für dich, und bald wirst du beweisen,
ob du im Wesen vornehm oder schlecht, trotz edler Eltern.

ISMENE. Was könnt ich, Arme, wenn es denn so steht,
sei's lösend, sei es knüpfend, dazu tun?

ANTIGONE.
Ob du mit mir dich mühn und handeln willst, erwäg!

ISMENE. Bei welch riskanter Tat? Wo denkst du hin?

ANTIGONE.
Ob du den Toten bergen willst im Bund mit meiner Hand?

ISMENE.
So willst du ihn begraben, was der Stadt doch untersagt?

ANTIGONE.
Ja, meinen Bruder – und den deinen, auch wenn du
dich weigerst! Niemals zeiht mich einer des Verrats.

ISMENE. Verwegne! Wo doch Kreon es verbietet?

ANTIGONE.
Er hat kein Recht, mich von den Meinen fernzuhalten.

ISMENE. Weh mir! Bedenke, Schwester, wie der Vater uns
berüchtigt und verhasst zugrundeging,
nachdem er selbstenthüllter Frevel wegen

36 **Steinigung:** Hinrichtung, die insbesondere bei Missachtung der Götter vollstreckt wurde | 40 **sei's lösend, sei es knüpfend:** ein Problem auf die eine oder andere Art lösend

die beiden Augen selber sich zerstach mit eigner Hand,
wie dann die Mutter und die Frau – zwei Worte braucht's! –
sich schimpflich nahm das Leben mit geflochtnem Strick,
und wie zum dritten dann die beiden Brüder an dem einen Tag,
einander tötend, die Unselgen, ein gemeinsam
Verhängnis sich bereitet mit zum Wechselmord erhobner Hand.
Und nun wir zwei, die wir allein noch übrig sind: bedenk,
wie wir aufs schlimmste enden, wenn wir dem Gesetz
zum Trotz der Herrscher Machtgebot umgehn.
Nein, zu bedenken gilt es, einmal, dass wir Frauen sind
und drum nicht gegen Männer kämpfen können;
und dann, dass wir beherrscht von Stärkern sind
und so auf dieses hören müssen und noch Härteres.
Drum also bitt ich die, die drunten sind,
mir zu verzeihn, da ich dazu gezwungen werd,
und füg mich denen, die im Staat das Sagen haben. Denn
zu tun, was alle Maße sprengt, hat keinen Sinn.

ANTIGONE.

Ich fordre dich nicht auf, und wolltest du es irgendwann
noch tun, nicht wirktest du mit mir zur Freud!
Nein, denk du nur, wie's gut dir scheint! Doch ihn
begrab ich. Schön ist mir nach solcher Tat der Tod.
Lieb werd ich bei ihm liegen dann, dem Lieben,
nach frommer Freveltat; denn länger ist die Zeit,
da denen drunten ich gefallen muss als denen hier.
Denn dort lieg ich für immer; aber du, hältst du's für richtig,
entehre das, was bei den Göttern hoch in Ehren steht!

ISMENE.

Auch ich versag ihm Ehre nicht, jedoch der Bürgerschaft
zum Trotz zu handeln, sehe ich mich außerstand.

ANTIGONE.
Du nimm denn dies zum Vorwand! Ich jedoch, ich geh,
ein Grab dem liebsten Bruder aufzuwerfen.
ISMENE. Weh mir, wie bin in Angst ich um dich Ärmste!
ANTIGONE.
Um mich sei dir nicht bang! Bring dein Geschick ins Lot!
ISMENE. Verrat zumindest keinem diese Tat,
verbirg sie im Geheimen, und auch ich will's tun!
ANTIGONE.
Nein, posaun es aus! Weit mehr noch hass ich dich,
wenn du's verschweigst, wenn du's nicht allen kündest!
ISMENE. Du hast ein heißes Herz bei schaurig kalten Dingen.
ANTIGONE. Doch weiß ich: So gefall ich, wem am meisten
ich gefallen muss.
ISMENE. Wenn du's nur könntest! Aber, was unmöglich,
strebst du an.
ANTIGONE.
Erst wenn's an Kraft mir mangelt, wird's ein Ende haben.
ISMENE. Das, was unmöglich, soll man gar nicht erst erjagen!
ANTIGONE. Wenn du so redest, hass ich dich,
und als zu Recht Verhasste wirst du bei dem Toten liegen.
Allein, so lass mich denn und meinen Unverstand
dies Ungeheure leiden! Denn erleiden werd ich nie
so Schlimmes, dass nicht ehrenvoll mein Tod!
Antigone ab nach der Seite.
ISMENE.
Nun, wenn es dir so recht erscheint, so geh! Und wisse dies:
Verrückt zwar gehst du, doch die Lieben liebend auf die
rechte Art.
Ismene zurück in den Palast.

Parodos (100–161)

CHOR.
Strahl der Sonne! Du schönstes [Str. 1
Licht, das dem siebentorigen Theben
je ist aufgegangen zuvor:
Endlich bist du erschienen, o goldenen
Tages Auge, über der Dirke
Fluten hinwandelnd,
und den Mann mit dem weißen Schild,
der von Argos in voller Rüstung heranschritt,
jagtest du fort, dass er flüchtend davonstob
mit scharf einschneidendem Zügel.
Ihn hatte gegen unser Land geführt
Polyneikes, der aufbrach aufgrund entzweienden
Streits; jener aber, schrill schreiend
wie ein Adler, kam hochher geflogen ins Land,
es bedeckend mit schneeweißen Schwingen,
mit vielen Waffen
und rosshaarbuschigen Helmen.

Und stand über den Dächern, [Gegenstr. 1
mit blutlechzenden Lanzen rings
umgierend den siebentorigen Mund;
und er zog ab, noch ehe mit unserem Blut
er die Backen gefüllt und eh noch
die Bekränzung der Türme
der Pechfackeln Feuer ergriff.
Solch ein Getöse des Ares
wucherte ihm um den Rücken, ein hart erfochtener Sieg
des entgegenkämpfenden Drachens.

Denn Zeus hasst großer Zunge Geprahle
über die Maßen, und da er sie sah

vor 100 **Parodos:** Einzugslied des Chores | 101 **dem siebentorigen Theben:** Die Stadt Theben besaß einen Mauerring mit sieben Toren. | 104 **Dirke:** Flüsschen nahe Theben | 119 **den siebentorigen Mund:** Theben | 124 **Ares:** der Kriegsgott

in gewaltigem Strome sich nahen
in übermütigem Stolz auf des Goldes Geklirr,
da stieß er mit dem Blitzstrahl hinab ihn,
der oben am Ziel, auf den Schranken der Mauern,
zum Siegesjubel schon anhob.

Taumelnd hinunter auf die widerhallende Erde stürzte [Str. 2
er, in der Hand die Fackel, der in wütendem Ansturm
bakchisch rasend heranschnob
mit der Wucht der widrigsten Winde.
Doch es kam anders,
und anderen teilte anderes zu mit harten Schlägen Ares,
der große,
der siegbefördernde Helfer.

Denn sieben Truppenführer an den sieben Toren
aufgestellt, Mann gegen Mann, ließen Zeus,
dem Schlachtenwender, den Zoll all-eherner Waffen,
außer dem furchtbaren Brüderpaar, das einem Vater
und einer Mutter entstammend, gegeneinander
die beiderseits siegreichen Lanzen schwang
und das Teil gemeinsamen Todes empfing, beide
zusammen.

Aber Nike, die vielgepriesene, kam, [Gegenstr. 2
teilend die Freude mit der wagengesegneten Thebe.
Drum schafft nach den Kriegen,
den jüngst vergangnen, Vergessen,
und alle Tempel der Götter
lasst uns in nachtlangen Tänzen begehen,
und Thebens Erderschüttrer des Grundes,
Bakchios, gehe voran!

136 **bakchisch:** ungestüm, berauscht; von Bakchios (vgl. V. 154) | 148 **Nike:** die Siegesgöttin | 154 **Bakchios:** Dionysos, Gott des Weines und Rausches

Doch dort kommt der König des Landes
Kreon, Menoikeus' Sohn, der neu zum Herrscher bestellt ist
durch jüngste Fügung der Götter!
Welchen Gedanken wohl wälzt er,
dass er diese Versammlung der Alten außer der Ordnung
her zur Debatte beschied
durch allen gemeinsamen Ausruf?

1. Epeisodion (162–331)

KREON. Männer! Die Götter haben unsre Stadt, die sie
in schwerem Wogengang erschüttert, sicher wieder aufgerichtet.
Euch aber habe ich, von allen ausgesondert,
durch Boten herbestellt, weil ich wohl weiß,
wie ihr die Macht von Laios' Thron stets hochgeachtet
und ihr, als Ödipus die Stadt erhob
und umkam dann, bei seinen und Iokastes Söhnen
verbliebt mit unverrückbar treuem Sinn.
Seit jene nun in doppeltem Verhängnis
an einem Tage fielen, schlagend und
geschlagen, mordbefleckt durch eigne Hand,
hab ich denn nun die Allmacht und den Thron,
da an Verwandtschaft ich der Nächste bin den Toten.
Unmöglich aber ist es, zu ergründen jeden Mannes
Charakter, Denkart und sein Wollen, eh er sich
in Herrschaft und Gesetzen als erprobt erweist.
Denn wer als Lenker einer ganzen Stadt
nicht nach den besten Leitgedanken greift,
sondern aus Furcht vor jemand seinen Mund verschlossen hält,
der gilt mir als grundschlechter Mensch, so jetzt wie je;
und wer gar höher als das eigne Vaterland

vor 162 **Epeisodion:** Dialogpartie zwischen zwei Chorliedern (hier wie im Folgenden)

die Freunde stellt – dem spreche ab ich jeden Wert!
Denn ich – das wisse Zeus, der allzeit alles sieht –,
ich schwiege nicht, säh ich das Unheil
den Bürgern nahen statt des Wohlergehns,
und würde nie den Mann, der feind der Stadt,
als Freund erachten, in der Einsicht, dass
nur sie es ist, die uns beschützt, und dass wir nur,
wenn sie nicht wankt auf unsrer Fahrt, uns Freunde schaffen.
Nach solchen Grundprinzipien will ich fördern diese Stadt.
Dem nun entspricht, was ich die Söhne Ödipus'
betreffend hab den Städtern jetzt verkündet:
Eteokles, der im Kampf für diese Stadt
gefallen ist, in jeder Hinsicht Bester mit dem Speer:
Ihn berge man im Grab und weih ihm alle Grabesspenden,
die zu den besten Toten kommen in der Unterwelt!
Doch seinen Bruder, Polyneikes mein ich, der
die Vatererde und die Götter unsres Lands,
zurückgekehrt aus dem Exil, mit Feuers Brand
bis auf den Grund verbrennen und sich am verwandten Blut
satt trinken wollte und den Rest versklaven:
Ihn – so ist es unsrer Stadt verkündet –
soll keiner mit dem Grabe ehren noch beklagen,
nein, unbestattet lass man seinen Leib zum Fraß
den Vögeln und den Hunden, schmachvoll anzusehn!
So geht mein Denken, und nie wird von mir
der Schlechte mehr geehrt als der Gerechte.
Wer aber wohlgesinnt ist dieser Stadt, der sei,
ganz gleich, ob tot, ob lebend, stets von mir geehrt!

CHORFÜHRER.

Dir steht es frei, Sohn des Menoikeus, so zu tun
an dem, der's übel oder wohl meint mit der Stadt,

und jede Satzung anzuwenden liegt in deiner Macht
auf die, die tot sind, wie auf uns, die leben.
KREON. Seid mir nun Hüter des Verfügten!
CHORFÜHRER. Bürd einem Jüngern auf zu tragen diese Last!
KREON. Nun, Wachen bei dem Toten sind bestellt.
CHORFÜHRER.
Was andres könntest du denn uns damit befehlen?
KREON.
Dass ihr es keinem durchgehn lasst, der nicht gehorcht!
CHORFÜHRER.
So töricht ist doch keiner, dass er sterben möchte.
KREON.
Ja, in der Tat, dies wär der Lohn! Jedoch mit Hoffnungen
hat die Gewinnsucht Männer oft schon ruiniert.
Ein Wächter tritt auf.
WÄCHTER. Herr, sagen will ich nicht, dass ich ganz atemlos
vor Übereile komm und leicht beschwingten Laufs.
Denn oft macht ich, um nachzudenken, Halt
und drehte unterwegs mich schon zur Rückkehr um;
denn vieles raunte mir die Seele warnend zu:
»Was eilst du, Ärmster, dorthin, wo dir Strafe droht?
Du bleibst, Elender, wieder stehen? Und erfährt dies Kreon nun
von einem andern, wie bleibt dir dann Schmerz erspart?«
Dergleichen wälzend kam ich trödelnd langsam nur ans Ziel,
und also wird aus einem kurzen Weg ein langer.
Jedoch am Ende siegte dies: hierher zu kommen
zu dir, und meld ich auch rein nichts, ich sag es doch!
Mich an die Hoffnung klammernd komme ich,
dass nichts mir widerfährt, was nicht mein Schicksal ist.
KREON. Was ist's, weswegen du so mutlos wirkst?
WÄCHTER. Ich will zuerst dir sagen, was mich selbst betrifft,

denn nicht getan hab ich's und sah auch nicht, wer's tat,
und unrecht wär's, wenn ich ins Unheil stürzte.

KREON. Du zielst geschickt und schirmst dich gegen diese Tat
nach allen Seiten ab. Man merkt, du willst uns Unerhörtes melden.

WÄCHTER. Das Ungeheure, nun ja, löst viel Zaudern aus.

KREON. So red doch endlich, troll dich dann und geh!

WÄCHTER. Ich red ja schon! Den Toten hat soeben einer
bestattet und ist fort, nachdem er trocknen Staub
gestreut hat auf den Leib und heilgen Brauch an ihm geübt, wie's Pflicht.

KREON.
Was sagst du? Welcher Mann hätt tollkühn dies gewagt?

WÄCHTER.
Ich weiß es nicht; denn da war keines Pickels Stich
und keiner Hacke Aushub; spröde war der Boden,
trocken, ohne Riss, von Rädern nicht befahren,
und keine Spur war da von irgendeinem Täter.
Doch als des Tages erster Wächter uns dies wies,
da lag für alle ein unfasslich Wunder vor:
Der Tote war dem Blick entzogen, nicht begraben zwar,
doch dünn lag Staub auf ihm, wie um Befleckung zu vermeiden.
Und weder eines Raubtiers Spuren zeigten sich
noch eines Hundes, der gekommen und an ihm gezerrt.
Da schwirrten wüste Worte hin und her:
Ein Wächter fuhr den andern an, und schließlich kam es schier
zu einer Prügelei, und keinen gab's, uns dran zu hindern.
Denn jeder reihum galt als Missetäter,
doch keiner klar ersichtlich, jeder stritt davon zu wissen ab.
Wir war'n bereit, geglühtes Eisen aufzuheben mit der Hand,

ein Feuer zu durchschreiten und zu schwören bei den Göttern, dass
wir's nicht getan noch mitgewusst mit einem, der
die Tat geplant und ausgeführt.
Zuletzt, als alles Forschen uns nicht weiterhalf,
spricht einer aus, was uns alle die Köpfe
vor Furcht zu Boden senken ließ; wir konnten nichts
dagegen sagen, wussten nicht, wie, wenn wir's täten, heil
entkämen. Zu berichten sei, so ging das Wort,
dir diese Tat und nicht geheim zu halten.
Nun, diese Sicht obsiegte, und mich Unglücksmenschen
verdammt das Los zu diesem schönen Glück.
Da bin ich, ungern, und ungern gesehn, ich weiß;
denn niemand liebt den Boten schlimmer Kunde.

CHOR. Ob diese Tat, Herr, nicht vielleicht ist gottgewirkt,
legt tiefres Denken mir schon lange nah.

KREON.
Hör auf, bevor noch dein Gerede mich mit Zorn erfüllt,
damit du nicht als Narr und Greis zugleich erscheinst!
Empörend ist, was du da sagst, wenn du behauptest,
die Götter sorgten sich um diesen Toten!
Erwiesen sie ihm ungemeine Ehre gar für gute Taten,
als sie mit Staub ihn deckten, der die säulenreichen Tempel
zu verbrennen kam und Weihgeschenke
und zu zerschlagen ihre Satzungen, ihr Land?
Oder siehst du, dass je Götter Frevler ehren?
Unmöglich! Doch es murrten Männer dieser Stadt
schon lang in dieser Art erbittert gegen mich,
die Häupter schüttelnd insgeheim, und hielten unters Joch
den Nacken nicht, wie's recht ist, mir loyal zu sein.
Von diesen sind, ich bin's gewiss, die Wächter dort
um Lohn verleitet worden, solche Tat zu tun.
Denn nichts erwuchs als ärgrer Brauch

den Menschen als das Geld. Es löscht
selbst Städte aus, jagt Männer aus den Häusern fort,
verbildet und verkehrt den rechten Sinn
der Menschen, schnöden Taten nachzugehn.
Den Weg zu jeder Schurkerei zeigt es den Menschen und
vertraut zu sein mit jeder gottvergessnen Tat.
Doch alle, die für Geld gedungen solches tun,
erwirken früher oder später Strafe sich.
Wieder zum Wächter gewendet.
Doch wenn denn Zeus von mir noch heilge Scheu empfängt,
so merk dir dies genau – ich sag's dir unter Eid –:
Entdeckt ihr nicht, wer die Bestattung hat vollbracht,
und stellt den Täter sichtbar vor die Augen mir,
so soll der Tod allein euch nicht genügen: lebend aufgehängt
sollt erst ans Licht ihr bringen euren Frevelmut,
damit ihr, wenn ihr künftig rafft, begreift,
wo der Profit zu holen ist, und einsehn lernt,
dass der Gewinn um jeden Preis nicht wünschenswert.
Denn ihrer mehr sieht man durch schimpflichen Erwerb
zu Schaden kommen als in Sicherheit gebracht.

WÄCHTER.
Gönnst du ein Wort noch, oder mach ich kehrt und geh?

KREON. Merkst du denn nicht, wie jetzt schon dein Geschwätz mir lästig ist?

WÄCHTER. Beißt's in den Ohren oder an der Seele dich?

KREON. Was suchst du zu ermitteln, wo mein Unmut sitzt?

WÄCHTER. Der's tat, kränkt dir das Herz, die Ohren ich.

KREON.
Ach, klar ist's, dass als Plappermaul du bist geboren!

WÄCHTER. Aber keineswegs als Täter dieser Tat!

KREON. Doch! Und mehr als dies: Für Geld gabst du dein Leben preis!

309 **Frevelmut:** verbrecherische Gesinnung

WÄCHTER. O weh!
Wie schlimm, wenn, wer beschließt, in Wahrheit irrig schließt!

KREON. Treib du dein Wortspiel! Doch wenn ihr mir nicht
die Täter anzeigt, sollt ihr noch bekennen,
dass niederträchtiger Gewinn nur Leiden schafft!
Kreon ab in den Palast.

WÄCHTER. Am besten wär's, man fände ihn! Doch ob er nun
gefasst wird oder nicht – denn dies bestimmt das Glück –,
gewiss siehst du mich niemals hierher wiederkehrn!
Denn jetzt schon, wider all mein Hoffen und Erdenken
davongekommen, schulde ich den Göttern reichen Dank!

1. Stasimon (332–375)

CHOR. Zahlreich ist das Ungeheure, doch nichts [Str. 1
ungeheurer als der Mensch:
Dieses Wesen fährt auch über das graue
Meer im Sturm des winterlichen Süd
und schlägt sich durch unter
rings verschlingendem Wogenschwall,
und der Götter Höchste, die Erde,
die unerschöpfliche, unermüdliche beutet er aus,
wenn seine Pflüge sich drehen Jahr um Jahr
und er sie durchfurcht mit dem Rossegeschlecht.

Der leicht-sinnigen Vögel Volk [Gegenstr. 1
fängt er, es umgarnend,
und der wilden Tiere Geschlecht
und die Brut des salzigen Meeres,
mit des Netzes engmaschigen Schlingen:
der überaus kluge Mann. Er bezwingt
mit List und Kunst das frei schweifende,

vor 332 **Stasimon:** Standlied des Chores (hier wie im Folgenden) | 335 **Süd:** Südwind

bergdurchwandelnde Wildtier, und das langmähnige
Ross zügelt er mit dem Joch um den Nacken
und auch den unermüdlichen Bergstier.

Auch die Sprache und windschnelles Denken und den Trieb, Städte [Str. 2
zu ordnen, brachte er sich bei, und unwirtlicher
Fröste unter freiem Himmel und
üblen Regens Geschosse zu meiden,
allbewandert. Unbewandert in nichts geht er
ins Künftige. Vor dem Tod allein
wird er kein Entrinnen gewinnen.
Aus früher unbezwinglichen Krankheiten aber
ersann er sich ein Entrinnen.

Die Erfindungsgabe der Kunst als Geschicklichkeit über die Hoffnung hinaus besitzend, [Gegenstr. 2
schreitet er bald zum Bösen, bald zum Guten.
Ehrt er die Gesetze des Landes
und das bei den Göttern beschworene Recht:
Hoch geachtet in der Stadt! Kein rechter Bürger aber ist, wem das nicht Gute
sich verbindet um tollkühnen Handelns willen!
Weder am Herde sitze mit mir
noch sei mir Gesinnungsgenosse,
wer solches tut.

2. Epeisodion (376–581)

CHORFÜHRER.
Denn vor dem gottgewirkten Schreckbild dort
bin ich im Zwiespalt; wie kann ich, wo ich's doch weiß, bestreiten,

dass dieses Mädchen Antigone ist?
Unselige, Kind unseligen
Vaters, des Ödipus,
was soll das? Sie bringen dich doch nicht her,
weil sie dich ungehorsam dem Königsgebot
und wahnwitzig handelnd ergriffen?

WÄCHTER. *Mit der gefangenen Antigone.*
Die hier, die ist's, die die Tat getan!
Die griffen wir, als sie bestattete! – Doch wo ist Kreon?

CHORFÜHRER.
Da kommt er aus dem Haus, zurück zur rechten Zeit.
Kreon tritt auf.

KREON.
Was gibt's? Zu welchem Vorfall komm ich wie gerufen?

WÄCHTER. Nichts sollten Sterbliche verschwören, Herr!
Denn spätre Einsicht straft den Vorsatz Lügen:
Wie hab ich fest geglaubt, ich käm wohl schwerlich wieder her,
von deinem Drohen eben noch umstürmt.
Doch einer gänzlich unverhofften Freude
kommt an Größe gleich kein andres Hochgefühl;
so bin ich da, und hab ich's auch mit Eiden abgeschworen,
und bringe dieses Mädchen, das wir aufgegriffen,
wie sie das Grab bestellte. Diesmal wurde nicht gelost,
nein, mein ist dieser Glücksfund, keines andern!
Und nun, Herr, nimm sie selber, wie du willst,
verhöre, überführe sie! Doch ich, als freier Mann,
ich hab das Recht, erlöst zu sein von diesen schlimmen Dingen.

KREON.
Die du da bringst – wie und wobei ergriffst du sie?

WÄCHTER. Sie war dabei, den Mann grad zu bestatten: alles weißt du nun!

KREON.
Begreifst du wirklich, was du sagst, und sprichst du wahr?
WÄCHTER.
Begraben sah ich sie den Toten, den du zu bestatten
verboten hast. Drück ich mich klar und deutlich aus?
KREON. Wie wurde sie gesehn und aufgegriffen bei der Tat?
WÄCHTER. So lief die Sache ab: Denn als wir hingekommen,
von dir mit Schrecklichem bedroht,
und weggefegt vom Toten allen Staub, der ihn
bedeckte, und den Leib, der schon verweste, gründlich freigelegt,
da setzten wir uns auf der Hügel Höhn, den Wind im Rücken,
dass wir vermieden, dass der Moderduft von ihm uns traf;
und einer hielt den andern wach mit lautem Schimpfen,
falls einer seine Pflicht missachten wollte.
Dies dauerte so lange fort, bis in des Äthers Mitte
das Strahlenrund der Sonne trat
und Gluten brannten. Da, auf einmal, hebt vom Boden
ein Sturmwind einen Wirbel Staubs, ein Ungemach des Himmels,
durchfegt die Ebne und zerzaust das ganze Laub
des Walds im flachen Land, und voll davon
ward da der weite Himmelsraum. Wir, mit geschlossnen Augen, hielten stand der gottgewirkten Not.
Und als sich dies verzogen hatte, lang darnach,
sieht man das Mädchen, und es stößt den schrillen Klagelaut
des Vogels aus, der bitter trauert, wenn des leeren Nestes Lager
verwaist er von den Jungen sieht. Und so auch sie,
da sie entblößt den Toten nun erblickt,
brach aus in lautes Wehgeschrei und fluchte böse Flüche
auf die herab, die diese Tat getan.

415 **des Äthers:** des Himmels

Und mit den Händen bringt sie trocknen Staub sogleich
und hoch aus erzgetriebnem Krug
besprengt sie rings den Toten mit dreifachem Guss.
Wir sahen's, stürzten los und fingen sie
im Nu, die keineswegs erschrocken war, und hielten ihr
die frühre Tat wie die grad jetzt verübte vor;
ihre Haltung war: Sie stritt nichts ab,
was mich erfreute und zugleich auch schmerzte.
Denn selber Nöten zu entrinnen
ist höchst erfreulich, doch in Not zu bringen, die uns lieb,
ist schmerzlich. Aber alles andre gilt mir, wie ich einmal bin,
für nicht so wichtig wie das eigne Heil.

KREON. *Zu Antigone.*
He du, die du das Haupt zu Boden senkst:
Gestehst du oder leugnest du die Tat?

ANTIGONE. Ja, ich gesteh die Tat und streite sie nicht ab.

KREON. *Zum Wächter.*
Du scher dich fort von hier, wohin du willst,
entlastet von dem schweren Vorwurf, frei!
Der Wächter eilt weg.
Du aber sage mir nicht lang und breit, nein, kurz und bündig:
Hast du gewusst, dass ausgerufen war, dies nicht zu tun?

ANTIGONE. Ich wusste es! Wie sollt ich nicht? Es war ja öffentlich bekannt.

KREON. Und wagtest dennoch, dies Gesetz zu übertreten?

ANTIGONE.
Es war ja Zeus nicht, der mir dies verkündet hat,
noch sie, die mitwohnt bei den untern Göttern, Dike,
hat bei den Menschen je solch ein Gesetz bestimmt.
Auch glaubt ich nicht, dass das von dir Erlassne
so große Macht besäße, dass, wer sterblich ist, der Götter ungeschriebne

451 **Dike:** Göttin des Rechts

und ewig gültige Gesetze könnte setzen außer Kraft.
Denn sie bestehn nicht erst seit heute oder gestern:
die leben schon seit je, und keiner weiß, wann sie zuerst erschienen.
Indem ich diese überträte, wollt ich nicht,
aus Furcht vor irgendeines Mannes Denken, vor den Göttern büßen.
Ja, dass ich sterben würd: Ich wusst es wohl – wieso auch nicht? –
und hättest du es auch nicht öffentlich verkündet!
Doch sterb ich vor der Zeit, eracht ich's als Gewinn.
Denn wer, wie ich, in vielen Übeln lebt,
wie trüge der im Tode nicht Gewinn davon?
So ist für mich, dass dies Geschick ich leide,
ein Nichts an Schmerz; doch hätt ich's hingenommen,
dass meiner Mutter Sohn nach seinem Tod blieb ohne Grab,
dies schmerzte mich; doch das hier schmerzt mich nicht.
Und scheint dir töricht jetzt mein Tun,
so wirft vielleicht ein Tor mir Torheit vor.

CHORFÜHRER.
Ganz klar tritt da zutag des schroffen Vaters schroffe Art
im Kind; im Unglück nachzugeben weiß sie nicht.

KREON. So merk dir gut, dass allzu starrer Sinn
am ehsten scheitern wird, wie du das stärkste Eisen,
kommt ausgeglüht zu spröd es aus dem Feuer,
meist brechen und zerbersten siehst.
Mit knappem Zaumzeug, weiß ich, bändigt man
die bockig-wilden Pferde; denn es geht nicht an,
dass, wer der Sklave seiner Nächsten ist, verstiegen denkt.
Doch diese da verstand nur allzu gut sich zu erdreisten,
schon als erlassenes Gesetz sie übertrat;
und nach der Tat war dies die zweite Dreistigkeit:
Dass sie sich dessen rühmt und lacht, dass sie's getan.

Da wär wahrhaftig ich kein Mann, sie wär der Mann,
wenn man ihr straflos hingehn ließe diese Übermacht.
Nein, sei sie meiner Schwester Kind, sei blutsverwandter mir
als jeder, den der Hausbeschützer Zeus beschirmt:
Sie wie die Schwester werden beide nicht entgehn
dem schlimmsten Los; denn auch die andre klag ich an,
dass sie in gleicher Weise dieses Grab hat mitgeplant.
So ruft sie her! Denn eben noch sah ich sie drinnen
wie außer sich und nicht mehr mächtig ihrer Sinne.
Es pflegt das Herz im Voraus schon ertappt zu werden als geheimer Täter,
wenn man im Finstern listig lauter Unrecht spinnt.
Doch hass ich auch, wenn man, bei schlimmer Tat
ertappt, dann diese auch noch schönen will.

ANTIGONE.
Willst du noch Ärgres, als mich töten, da du mich gefasst?

KREON.
Ich weiter nichts! Denn hab ich dies, so hab ich alles!

ANTIGONE.
Was also zögerst du? Da mir an deinen Worten
gar nichts gefällt und nie gefallen möge,
so muss gewiss auch dir mein Handeln widerstreben.
Und doch, wie hätt ich rühmlicheren Ruhm
gewonnen, als dass ich den eignen Bruder beigesetzt
im Grab? Dass die hier alle dies für gut befinden,
dürft ich wohl sagen, schlösse Furcht nicht ihren Mund.
Allein, die Ein-Mann-Herrschaft ist mit vielem glückgesegnet,
und ihr steht's zu, zu tun, zu sagen, was sie will!

KREON. Nur du allein von Thebens Bürgern siehst das so.

ANTIGONE.
Auch diese sehn's, doch kneifen sie vor dir den Mund.

KREON.
Du aber schämst dich nicht, dass du so anders denkst als sie?
ANTIGONE.
Es ist kein Schimpf, zu ehren, die uns blutsverwandt.
KREON. War gleichen Blutes nicht auch er, der mit ihm kämpfend fiel?
ANTIGONE.
Des gleichen Bluts: von einer Mutter und vom selben Vater.
KREON. Was schenkst du dem dann einen Liebesdienst, der jenen kränkt?
ANTIGONE. Nie wird der Tote drunten dies bezeugen!
KREON. Wenn du ihn gleich ehrst wie den Gottmissachter?
ANTIGONE.
Kein Sklave, nein, der Bruder war's, der umgekommen.
KREON.
Er wollte dieses Land verheeren, aber der trat für es ein.
ANTIGONE. Und gleichwohl fordert Hades diese Bräuche. 519
KREON.
Doch hat dazu das größre Recht der Gute als der Schlechte.
ANTIGONE.
Wer weiß, ob drunten solche Sicht für heilig gilt?
KREON.
Gewiss wird nie der Feind, auch nicht im Tod, zum Freund!
ANTIGONE. Gewiss nicht, um den Feind zu hassen, nein, den Freund zu lieben, lebe ich!
KREON. So geh hinunter, wenn geliebt sein muss, und liebe
die dort! Doch meiner Lebtag wird kein Weib regieren!
Ismene wird aus dem Haus geführt.
CHORFÜHRER. Doch da, schau hin, vor dem Tor Ismene,
aus Liebe zur Schwester Tränen vergießend!
Eine Wolke über den Brauen
entstellt ihr gerötetes Antlitz
und benetzt die reizende Wange.

519 **Hades:** Gott, der über die Unterwelt, das Reich der Toten, herrscht

KREON. Du, die im Hause gleich der Natter eingeschlichen
mich heimlich aussogst, und ich merkte nicht,
dass ich zwei Unheilsgeister aufzog und Umsturz des Throns,
los, sage mir, bekennst du, dass auch du an der Bestattung
hast Anteil, oder schwörst du, nichts davon zu wissen?

ISMENE. Getan hab ich die Tat, wenn sie es tat: ich geb es zu
und habe teil daran und trage mit die Schuld.

ANTIGONE. Doch wird dir Dike dies nicht zugestehn:
Du wolltest nicht, und ich bezog dich nicht mit ein.

ISMENE. Doch jetzt in deiner Not schäm ich mich nicht,
mit dir an Bord zu sein auf deiner Leidensfahrt.

ANTIGONE. Wer es getan, bezeugen Hades und die Toten.
Die nur mit Worten liebt, *die* Freundin mag ich nicht!

ISMENE. Halt, Schwester, nicht für unwert mich,
mit dir zu sterben und den Toten zu entsühnen!

ANTIGONE.
Stirb nicht mit mir gemeinsam! Was du nicht berührt,
das eigne dir nicht an – mein Tod genügt!

ISMENE. Und welch ein Leben wär mir lieb, verlässt du mich?

ANTIGONE.
Den Kreon frag! Für seine Sache standst du ein!

ISMENE.
Was kränkst du mich und hast doch nichts davon?

ANTIGONE.
Es schmerzt mich freilich, wenn ich dich verlachen muss.

ISMENE.
Wie könnt zumindest jetzt ich dir noch nützlich sein?

ANTIGONE.
Dann rett du *dich*! Ich neid dir nicht, dass du entrinnst.

ISMENE. O Ärmste ich! Ich soll dein Los nicht mit dir teilen?

ANTIGONE. Du wähltest ja das Leben, ich den Tod.

ISMENE. Nicht ohne dass ich meine Gründe dargelegt.

ANTIGONE. Du glaubtest vor den einen, ich vor den andern
recht zu denken.
ISMENE. Und doch ist das Vergehen für uns beide gleich.
ANTIGONE. Sei guten Muts! Du lebst, doch meine Seele,
längst ist sie tot, um den Verstorbnen beizustehn.
KREON. Die beiden Mädchen, glaub ich, sind verrückt:
Die eine zeigt es eben jetzt, die andre ist's, seitdem sie lebt.
ISMENE. Herr, selbst wo angeboren ist Verstandeskraft,
verbleibt sie Notgeplagten nie, nein, sie entgleist.
KREON. Zumindest dir, als du gewählt, mit Schlechten
Schlechtes zu verüben.
ISMENE.
Wie wär's mir möglich, einsam ohne diese fortzuleben?
KREON. Doch sag nicht »diese«! Denn sie *ist* nicht mehr
ISMENE. Doch willst du töten deines eignen Kindes Braut?
KREON. Es gibt noch andre Äcker zu bepflügen!
ISMENE. Nicht so, wie ihm und ihr sich's hat gefügt!
KREON. Ein böses Weib für meinen Sohn – das hasse ich!
ANTIGONE.
O liebster Haimon! Wie beleidigt dich dein Vater!
KREON. Du machst mich krank, du und dein Ehebett!
CHORFÜHRER.
So willst du sie denn wirklich rauben deinem eignen Spross?
KREON. Hades wird mir diesem Bund ein Ende setzen!
CHORFÜHRER.
So ist, wie's scheint, beschlossen, dass sie sterben soll?
KREON. Bei dir wie mir! Kein Säumen mehr, ihr Knechte,
schafft sie hinein! Gefesselt müssen diese Weiber sein
und dürfen nicht sich frei bewegen.
Selbst die Verwegnen suchen zu entfliehn, wenn sie
den Hades nah schon ihrem Leben sehn!
Antigone und Ismene werden ins Haus geführt. Kreon bleibt auf der Bühne.

2. Stasimon (582–625)

CHOR.
Gottgesegnet sind die, deren Leben nie gekostet vom Leid! [Str. 1
Denn wem das Haus erschüttert wurde von Gott her, an Unheil
bleibt keines da aus, zu beschleichen das ganze Geschlecht,
ebenso wie des Meeres Gewoge,
wenn es bei widrig wehenden Thrakerwinden
über das Dunkel der Wassertiefe hinwegfegt,
aufwühlt vom Grunde
schwarzen Sand, und im schlimmen Wind
stöhnend dröhnen die wogengepeitschten Küsten.

Ich seh, wie seit uralten Zeiten in Labdakos' Stamm [Gegenstr. 1
Leiden auf Leiden der Hingeschwundenen fallen,
und nicht befreit eine Generation das ganze Geschlecht, nein,
ein Gott wirft es nieder, und es findet keine Erlösung.
Denn was als Licht jetzt über der letzten Wurzel
gebreitet war in Ödipus' Häusern:
Nieder mäht es wieder der unterirdischen Götter
mördrisches Messer:
Des Redens Unverstand und wildes Rasen des Denkens.

Zeus, deine Macht – welche der Menschen [Str. 2
Überschreitung könnte sie hemmen?
Sie überwältigt weder der Schlaf je, der Allbezwinger,
noch der Götter nie rastende
Monde, sondern nicht alternd durch die Zeit
hast du als Herrscher in deiner Gewalt des Olympos
strahlenden Lichtglanz.
Und für die jetzige, künftige

587 **Thrakerwinden:** Aus Thrakien im Norden Griechenlands kamen die ersten Winterstürme. | 594 **Labdakos' Stamm:** das Königsgeschlecht, dem Ödipus und Antigone angehören

und die frühere Zeit wird gelten
dieses Gesetz: Nichts schreitet dahin
im Leben der Sterblichen sehr weit frei von Unheil.

Denn die oftmals irreleitende Hoffnung [Gegenstr. 2
ist zwar vielen Menschen ein Segen,
vielen aber auch Trug, der Gelüsten entspringt voller Leichtsinn.
Zum Schaden dessen, der nichts ahnt, schleicht sie heran sich,
bis er an heißem Feuer den Fuß sich verbrannt hat.
Denn es ist weise von einem
ein berühmtes Wort zutage getreten:
Das Schlimme scheine manchmal gut
dem zu sein, dem die Sinne
ein Gott führt zum Unheil.
Und er handelt nur ganz kurze Zeit frei von Unheil.

3. Epeisodion (626–780)

Haimon tritt auf.

CHORFÜHRER. Sieh Haimon dort, unter deinen Söhnen
der Letztgeborne! Kommt er bekümmert
um das Los der blühenden Braut, der Antigone,
voll Schmerz, dass man ihn um die Ehe betrogen?
KREON. Bald wissen wir's, genauer als die Seher.
Mein Sohn, du kommst doch nicht, zu toben gegen deinen Vater,
weil du die unumstößliche Entscheidung hörtest über deine Braut?
Oder sind wir dir, wie wir auch handeln, lieb?
HAIMON. Dein bin ich, Vater, und du leitest mich,

hast gute Regeln du, und ihnen werd ich folgen.
Denn keine Ehe gilt mir je als höhres Gut
als die Weisung eines guten Wegs durch dich.
KREON. Ja, Sohn, so muss es aussehn in der Brust,
dass alles hinter Vaters Meinung hintan steht.
Deswegen beten Männer ja darum, zu zeugen
Söhne, die gehorsam sind, und sie im Haus zu haben,
dass sie dem Feind mit Schlimmem es vergelten
wie auch den Freund so ehren wie der Vater selbst.
Wer aber Kinder pflanzt, die zu nichts taugen,
was sagt man von dem andres, als dass er sich Plagen
und seinen Feinden viel Gelächter schuf?
Darum, mein Sohn, wirf nie der Lust zulieb weg den Verstand
um eines Weibes willen, da du weißt,
das wird ein frostiges Umarmen:
ein arges Weib im Haus als Bettgenossin. Denn was schlüge uns
wohl schlimmre Wunden als ein schlechter Freund?
Nein, spei sie aus, als wäre sie ein Feind und lass
dies Mädchen sich im Hades irgendwem vermählen!
Denn da ich sie ergriff, wie sie sich offenkundig
als einzge widersetzt hat von der ganzen Stadt,
so werde ich mich selbst nicht vor der Stadt zum Lügner machen,
nein, töten will ich sie! Mag sie darob zu Zeus aufsingen,
dem Sippenschützer! Denn zieh ich schon mein eigen Fleisch und Blut
ohne Ordnung auf, wie dann erst recht die außerhalb des Stamms!
Denn wer im eignen Haus ein rechter Mann ist,
der wird auch in der Stadt sich als gerecht erweisen.
Wer aber, übertretend, vergewaltigt das Gesetz

oder Weisung der Regierung zu erteilen denkt,
unmöglich kann der Lob von mir erlangen.
Nein, wen die Stadt bestellt, auf diesen soll man hören
im Kleinen und Gerechten und im Gegenteil.
Ein solcher Mann – das glaub ich zuversichtlich –
wird trefflich herrschen und sich gut der Herrschaft fügen,
↗ und auch im Speergewitter hingestellt
die Stellung halten als gerechter, tüchtger Nebenmann.
Zuchtlosigkeit – kein größres Übel gibt's!
Die macht kaputt die Städte, die entleert
die Häuser und die reißt zur Flucht die Speergenossen;
doch die aufrecht stehen, denen
bewahrt die meisten Leiber Manneszucht.
So muss man denn, was angeordnet ist, verfechten
und nie darf einem Weib man unterliegen.
Denn besser ist's, wenn's sein muss, uns verdrängt ein Mann,
und nie soll's heißen, dass wir Weibern unterlegen sind.

CHORFÜHRER. Stahl uns das hohe Alter nicht die Urteilskraft,
will uns, was du da sagst, vernünftig scheinen.

HAIMON.
Die Götter, Vater, pflanzen die Vernunft den Menschen ein,
das höchste aller Güter, die es gibt.
Dass du nicht recht mit deiner Rede hast,
ich könnt's nicht sagen, möcht es auch nicht sagen können.
Doch auch ein andrer könnte etwas Wahres sagen.
Nun bin ich dafür da, für dich zu spähn
nach allem, was man sagt und tut und auszusetzen hat.
Denn furchtbar ist dein Blick dem Mann im Volk
bei solchen Worten, die zu hören dich nicht freut.
Mir aber steht es frei, im Dunkeln zu erlauschen,
wie sehr die Stadt um dieses Mädchen klagt:
dass sie, die es von allen Fraun zuletzt verdient, 694
aufs schlimmste sterben soll für eine höchst ruhmreiche Tat,

sie, die nicht unbestattet ließ den eignen Bruder,
der in blutgem Kampfe fiel, und die's nicht hinnahm,
dass Hunde, Rohes fressend, ihn zerrissen oder Vögel.
Ist die nicht goldne Ehre zu erlangen wert?
So dringt die Rede dunkel und im Stillen vor.
Dass es dir wohlergehe, Vater,
ist mir ein Gut, so kostbar wie kein anderes.
Denn welch ein größres Kleinod gibt's für Kinder,
als dass im Ruhm der Vater blüh, und für den Vater seiner
Kinder Ruf?
Drum heg nicht *eine* Denkart nur in dir,
dass bloß, was *du* sagst, und nichts andres richtig sei.
Denn wer da glaubt, dass er allein vernünftig denkt,
begabt mit Redekraft und Seelenadel wie kein zweiter –
all die entpuppen sich, entblößt man ihren Kern, als leer.
Doch dass ein Mann, auch wenn er klug ist, vieles lernt
und nicht den Bogen überspannt, hat nichts Verwerfliches.
Du siehst, wie an zur Winterszeit geschwollnen Bächen
die Bäume, die sich biegen, sich ihr Astwerk retten,
die aber sich entgegenstemmen, reißt's samt Wurzeln fort.
Desgleichen, wer als Lenker eines Schiffs das Segeltau
straff spannt und nie es lockert, kentert bald
und setzt kieloben künftig seine Reise fort.
Darum gib nach und ändre deinen Eigensinn!
Denn kommt auch mir, dem Jüngern, eine Meinung zu,
so ist, behaupte ich, weitaus das Beste, wenn
ein Mann ganz ausgefüllt mit Einsicht in das Leben tritt;
doch sonst – denn in der Regel fällt's ja anders aus –
ist es auch gut, von dem, der trefflich rät, zu lernen.

CHORFÜHRER.

Herr, dir stünd es an, wofern sein Wort ins Schwarze trifft,
von ihm zu lernen und auch du von ihm; denn trefflich
spracht ihr beide.

KREON. In unserm Alter soll'n wir also noch Vernunft
uns lehren lassen von so jungem Mann?
HAIMON. Nichts, was nicht rechtens wär! Bin ich auch jung, so soll man nicht
mehr auf das Alter sehn als auf die Taten.
KREON.
Und »Tat«, das heißt: dass man die Ordnungsbrecher ehrt?
HAIMON.
Die Schlechten ehren? Auch nicht raten würde ich dazu!
KREON.
Ist diese denn von solcher Krankheit nicht befallen?
HAIMON. Das ganze Volk von Theben hier bestreitet das.
KREON.
Dann will die Stadt mir sagen, was ich zu verfügen hab?
HAIMON. Siehst du, wie allzu jungenhaft du dieses sagst?
KREON. Soll ich zu anderm als dem eignen Nutzen dieses Land regieren?
HAIMON.
Das ist kein Staat, der nur dem Vorteil *eines* Mannes dient.
KREON.
Gilt denn der Staat nicht als des Herrschers Eigentum?
HAIMON. Wie schön regiertest du allein ein leeres Land!
KREON.
Der steht, wie's scheint, im Kampfbund mit dem Weib!
HAIMON. Wenn du das Weib bist; denn in Wahrheit sorg ich mich um dich.
KREON. Indem du mit dem Vater rechtest, Schuft?
HAIMON.
Ja, denn ich seh, wie widerrechtlich du schlimm fehlst.
KREON. So fehl ich, wenn nach heilger Pflicht ich meine Macht ausüb?
HAIMON.
Heilge Pflicht – wenn du der Götter Ehren niedertrittst?

KREON. Abscheuliche Gesinnung, hörig einem Weib!
HAIMON.
Doch niemals träfest du mich an als Knecht der Schande!
KREON. Dein ganzes Reden immerhin gilt ihr allein!
HAIMON. Und dir und mir und auch den Göttern drunten.
KREON.
Du wirst unmöglich dich, solang sie lebt, mit ihr vermählen.
HAIMON.
So wird sie sterben denn, und sterbend einen töten!
KREON. Sogar mit frecher Drohung rückst du mir zu Leibe?
HAIMON. Gegen hohles Reden anzureden, heißt das drohen?
KREON. Mich zum Verstand zu bringen, reut dich noch, bist du doch selbst hohl im Verstand!
HAIMON. Wärst du mein Vater nicht, ich spräch, du bist nicht recht bei Trost!
KREON. Du eines Weibes Knecht, schwatz mich nicht tot!
HAIMON. Nur reden, reden willst du und nichts hören?
KREON. Wirklich? Beim Olymp dort oben, dessen sei gewiss,
wirst du nicht weiter ungestraft mich tadeln und beschimpfen!
Zu den Begleitern.
Schafft her die hassenswerte Kreatur, dass sie vor seinen Augen auf der Stell
in seinem Beisein sterbe, nah dem Bräutigam!
HAIMON. Nie wird sie, dieses schlag dir aus dem Sinn,
in meiner Nähe untergehn, noch wirst du je
mein Haupt vor deinen Augen wiedersehn;
dann ras mit denen deiner Freunde, welche dir gefügig sind!
Haimon eilt hinweg.
CHORFÜHRER.
Der Mann, Herr, ging im Zorn geschwind davon!
Zu Schwerem neigt so junger Sinn, wenn Schmerz ihn trifft!

758 **Olymp:** im Mythos Sitz der Götter; hier als Ausruf wie »bei den Göttern!«

KREON.
Er geh und handle, denke über Menschenmaß hinaus!
Die beiden Mädchen wird er nicht von ihrem Los befrein.
CHORFÜHRER.
Hast wirklich du im Sinn, sie beide hinzurichten?
KREON. Nicht die, die nicht daran gerührt: da hast du recht!
CHORFÜHRER.
Doch welche Todesart denkst du der andern zu?
KREON. Ich führ sie dorthin, wo der Pfad ist menschenleer,
schließ dann sie lebend ein in einer Felsengruft
und stelle nur so viel an Nahrung hin, wie's zur Entsühnung reicht,
damit die Stadt als ganze meide die Befleckung.
Dort mag sie Hades, den sie einzig von den Göttern ehrt,
beschwören und vielleicht erreichen, dass sie niemals stirbt,
oder zumindest dann erkennen, dass
vergeudet ist die Müh, des Hades Reich zu ehren.

3. Stasimon (781–800)

CHOR. Eros, unbezwingbar im Kampf, [Str.
Eros, der du herfällst über die Herden,
der du auf den hauchzarten Wangen
der Jungfrau die Nächte durchwachst –:
Über das Meer schweifst du und hin zu den ländlichen Höfen,
und der Unsterblichen keiner kann dir entrinnen
noch auch eines der Tageswesen, der Menschen,
und es rast der Ergriffne.

Du reißt auch den Sinn von Gerechten [Gegenstr.
hin zum Unrecht, zu deren Schaden und Schande.
Du hast auch diesen Streit der Männer

781 **Eros:** Liebesgott, Sohn der Aphrodite

verwandten Bluts aufgerührt, sie verwirrend,
und es siegt der unter den Lidern blitzende
Reiz der holdseliges Eheglück verheißenden
Jungfrau, der machtvollen Satzungen Beisitz
unter den Trägern der Macht; denn unüberwindbar
treibt in dem allem ihr spöttisches Spiel Aphrodite, die
Göttin.
Antigone kommt, von Schergen aus dem Haus geführt.

4. Epeisodion (801–943)

1. Teil: Der Kommos (806–882)

Nun aber trägt's mich selbst aus der Bahn
der Gesetze, da ich dies sehe, und hemmen
kann ich nicht mehr den Quell der Tränen,
da ich zur Kammer, die alle einst bettet,
dort sehe Antigone schreiten.

Kommos

ANTIGONE. Seht mich, des Vaterlands Bürger, [Str. 1
den letzten Weg
gehen, das letzte Licht
schauen der Sonne,
und niemals wieder! Sondern er,
der alle einst bettet, Hades, führt mich nun lebend
zu Acherons Ufer, und kein Hochzeitslied
wird mir zuteil,
noch hat vor der bräutlichen Kammer
mich ein Preislied besungen,
nein, Acherons Braut werd ich sein!
CHOR. Ruhmreich aber, begleitet von Lob

799 **Aphrodite:** die Liebesgöttin | vor 801 **Kommos:** Klagelied im Wechsel zwischen Chor und Einzelfigur | 804 **Kammer:** Gemeint ist das Grab. | 812 **Acherons Ufer:** Der Acheron ist ein Fluss in der Unterwelt.

gehst du fort zu der Toten Gruft!
Nicht schlug dich verzehrendes Siechtum
noch empfingst du das Handgeld der Schwerter,
sondern folgend eignem Gesetz entschreitest du einzig
unter den Sterblichen lebend hinunter zum Hades.
ANTIGONE. Gehört hab ich, aufs heftigste trauernd sei umgekommen [Gegenstr. 1
die Fremde aus Phrygien,
Tantalos' Tochter, an Sipylos'
Gipfel, die wie zäh sich krallender Efeu
ein Gewucher aus Stein bezwang,
und Regenfluten verlassen sie nie, die im Schmerz sich verzehrt,
so geht die Kunde der Menschen,
und nie lässt der Schnee sie,
und sie benetzt aus ewig weinenden Wimpern
die Flanken der Berge: ihr ganz ähnlich
bringt mich der Daimon zu Bette!
CHOR. Doch sie war Göttin und götterentstammt,
wir aber sind sterblich und sterblich gezeugt.
Und doch ist es groß, schwindest du auch dahin, im Ruhme zu stehn
und mit Göttergleichen zu teilen das Los
im Leben und künftig im Tode.
ANTIGONE. Weh, man verlacht mich! Warum, bei den Göttern der Väter,
verhöhnst du die noch nicht von der Erde Geschiedne,
sondern die noch im Licht ist?
O Stadt, o ihr, der Stadt
reichbegüterte Männer!
Io! Ihr Quellen der Dirke
und Thebens wagenberühmter heiliger Grund –
gleichwohl nehme zu Zeugen ich euch,

833 **Daimon:** göttliches Wesen als Urheber eines Geschehens, das keinem bestimmten Gott zugeschrieben werden kann | 844 **Io!:** Klagelaut | 844 **Dirke:** Flüsschen nahe Theben

wie von den Meinen unbeweint – nach was für Gesetzen! –
zum gewölbten Kerker ich gehe
eines unerhörten Grabes!
Io, ich Arme, nicht unter Sterblichen,
nicht unter Toten
heimisch, weder bei Lebenden noch bei Gestorbnen.

CHOR. Vorschreitend bis zum Äußersten waghalsiger Tat
bist du an Dikes hohen Sockel
mit dem Fuße gestoßen, o Kind.
Eine vom Vater ererbte Qual büßt du ab.

ANTIGONE.
Du rührtest an die mir schmerzlichste Sorge: [Gegenstr. 2
Des Vaters vielfach aufgerissenen Jammer
und unser ganzes
Geschick,
das zugefallen Labdakos' ruhmvollem Stamm.
Io! Des Mutterbetts
Wirrsal und der unglückseligen
Mutter Beischlaf
mit ihrem eigenen Sohn, meinem Vater!
Was für Eltern bin ich Leidgeprüfte entsprossen!
Zu diesen geh ich fluchbeladen und ehlos,
um mit ihnen zu wohnen.
Io! Der du unselige Hochzeit,
Bruder, gefunden:
Dein Tod hat mich, die noch lebt, getötet!

CHOR. Die Toten ehren, eine Art frommer Dienst ist's,
doch der Staatsmacht – wem immer die Staatsmacht obliegt –
darf man keinesfalls trotzen.
Dich aber hat dein eigenwilliges, heftiges Wesen vernichtet.

ANTIGONE. Unbeweint, ungeliebt, unvermählt [Epode
werd ich Unselge geführt

854 **Dikes:** Dike ist die Göttin des Rechts. | 861 **Labdakos' … Stamm:** vgl. Anm. zu V. 166–168

diesen mir bereiteten Weg!
Nie mehr dies heilige Auge
der strahlenden Leuchte, der Sonne, darf ich Unglückliche schauen!
Und mein Geschick beklagt, so dass es unbeweint bleibt,
keiner der Freunde.

2. Teil: 883–943

KREON.
Wisst ihr denn nicht, dass keiner mit Gesang und Klagen
ein Ende machte vor dem Tod, käm es drauf an?
Schafft schleunigst sie hinweg und ins umwölbte Grab
schließt ein sie, so wie ich's gesagt!
Allein und einsam lasst sie dort, ob sie zu sterben wünscht
oder lebend weiter in der Gruft zu hausen unter solchem Dach!
Wir sind, was dieses Mädchen angeht, rein;
nur oben hier, mit uns zu wohnen, bleibt in Zukunft ihr verwehrt.

ANTIGONE. O Grab, o Brautgemach, o unterirdische
Behausung, die mich ewig in Gewahrsam hält, wohin
ich gehe zu den Meinen, deren meiste schon Persephone
im Totenreich empfangen hat, nachdem sie umgekommen.
Von ihnen gehe ich als Letzte und weitaus am schlimmsten
hinunter, ehe meines Lebens Anteil kam ans Ziel.
Doch starke Hoffnung heg ich, wenn ich komme,
dass lieb ich komm dem Vater, und geliebt
dir, Mutter, lieb auch dir, du brüderliches Haupt.
Denn als ihr starbt, hab ich mit eignen Händen
gewaschen euch, geschmückt und Güsse über eurem Grab
gespendet; aber jetzt, da, Polyneikes, deinen Leib
ich habe hergerichtet, ernt ich solchen Lohn,

893 **Persephone:** Göttin der Unterwelt und Gemahlin des Hades

und tat doch recht im Urteil der Vernünftigen, zu ehren dich.
Denn nie, wär ich von Kindern Mutter auch gewesen,
noch wär ein Gatte mir im Tod dahingeschwunden,
hätt ich den Bürgern trotzend diese Müh mir auferlegt.
Im Sinne welcher Satzung sage ich dies nun?
Stürb mir der Gatte, könnt ich einen andern finden,
bekäm von ihm ein Kind auch, hätt ich eins verloren.
Da aber Mutter mir und Vater ruhn in Hades' Reich geborgen,
gibt's keinen Bruder mehr, der je mir wüchs heran.
Doch da ich nun nach solcher Satzung dich vor allen hab geehrt,
fand Kreon, dass darin ich hätt gefehlt
und zu Fürchterlichem mich erkühnt, o brüderliches Haupt!
Und nun führt er mich weg, mit Händen so mich greifend,
ohne Brautbett, ohne Hochzeit, nicht der Ehe Teil
erlangend, nicht das Glück, mir Kinder großzuziehn,
nein, so verlassen von den Lieben gehe ich,
die Unglückselge, lebend in der Toten Gruft.
Welches Recht der Götter hab ich denn verletzt?
Was soll ich Arme noch zu Göttern
aufblicken? Wen zum Beistand rufen? Denn – das alles ist jetzt klar –
den Ruf unheilgen Tuns erwarb ich durch mein heilges Handeln.
Doch wenn das Denken Kreons recht ist vor den Göttern,
so werd durch Leiden ich erkennen, dass ich hab gefehlt;
wenn aber *die da* fehlen, mögen sie nicht größere Übel leiden,
als widerrechtlich sie auch tun an mir!

CHOR. Noch immer haben von denselben Winden
dieselben Stöße der Seele sie in ihrer Gewalt.
KREON. Darum sollen auch ihre Geleiter
ihre Langsamkeit büßen mit Heulen!
ANTIGONE. Weh mir! Ganz nah an den Tod
kommt dieses Wort!
KREON. Ich kann nicht tröstlich raten, guten Muts zu sein,
dass dieses nicht sich so erfüllt!
ANTIGONE. O des Landes Theben väterliche Stadt
und Götter ihr des früheren Geschlechts!
So führt man mich denn ab, nicht länger darf ich bleiben!
Schaut, die ihr Thebens Herren seid,
auf die einzige, die noch verblieb von der königlichen Familie,
was – von welchen Männern! – ich erleide,
weil ich Heiliges heilig geachtet.

4. Stasimon (944–987)

CHOR. Erduldet hat auch Danaes Leib, [Str. 1
zu lassen das himmlische Licht in erzbeschlagner
Behausung, und verborgen in einer grabähnlichen
Kammer wurde sie eingesperrt;
und doch war hoch sie geachtet durch ihre Geburt – o Kind, Kind! –
und verwahrte des Zeus goldströmenden Samen.
Jedoch ist ungeheuer des Schicksals Macht!
Weder Reichtum noch Krieg
noch Turm noch schwarze, vom Meer gepeitschte
Schiffe dürften ihr wohl entrinnen.

Gebunden auch wurde des Dryas jähzorniger Sohn, [Gegenstr. 1
der Edonen König, wegen seines hohnvollen Wütens

von Dionysos eingesperrt
in felsigem Kerker.
So tröpfelt ab des Wahnsinns furchtbare,
schäumende Kraft. Und jener sah ein, dass er in Rasereien
angetastet den Gott mit kränkender Zunge.
Denn er versuchte zu hemmen die gottbegeisterten
Frauen und das bakchische Feuer,
und die flötenliebenden reizte er, die Musen.

Nah den schwarzblauen Felsen des zwiefachen Meeres [Str. 2
sind des Bosporos Küsten und das thrakische
Salmydessos, wo der benachbarte Ares
zusah, wie den beiden Söhnen des Phineus
geschlagen wurde die fluchwürdige, blindmachende
Wunde von der wild tobenden Gattin,
ewige Nacht bringend den racheheischenden Kreisen der Augen,
gestochen von blutdürstenden
Händen und den Spitzen der Weberschiffchen.

Sie schwanden dahin unselig und beweinten [Gegenstr. 2
ihr unseliges Leid, entsprossen unglücklicher Ehe der Mutter;
sie aber reichte ihrer Abkunft nach hinauf
zu den altentsprungnen Erechtheussöhnen
und wuchs heran in weitentlegenen Höhlen
in den stürmischen Winden des Vaters,
Boreas' Tochter, schnell wie eine Stute oben auf steilem Hügel,
das Götterkind; und doch auch über diese
fielen her die uralten Mächte des Schicksals, o Kind!

957 **Dionysos:** Gott des Weines und der Fruchtbarkeit | 964 **das bakchische Feuer:** das dem Bakchios (= Dionysos) geweihte Feuer

5. Epeisodion (988–1114)

Der Seher Teiresias kommt, von einem Knaben geführt.

TEIRESIAS.
Ihr Herren Thebens, gleichen Weges kommen wir,
zwei, doch durch einen sehend: denn so legen Blinde
den Weg zurück mit Hilfe eines Führers.
KREON. Was gibt es Neues, Greis Teiresias?
TEIRESIAS. Ich will's erklären, und du höre auf den Seher!
KREON. Auch früher wich ich nie von deinem Denken ab.
TEIRESIAS.
Drum lenktest du auf grader Bahn das Schiff der Stadt.
KREON. Ich kann's bezeugen, da ich Nützliches erfuhr.
TEIRESIAS.
Bedenke: Wieder schreitest du auf Schicksals Schneide!
KREON.
Was ist? Wie schaudert's mich vor deines Mundes Wort!
TEIRESIAS. Erfahren wirst du's, wenn du hörst die Zeichen meiner Kunst.
Denn als ich auf den alten Sitz der Vogelschau
mich setzte, wo der Sammelplatz mir war für alles Federvolk,
da hör ich von den Vögeln unvertrauten Laut, wie sie
in böser und barbarenhafter Wut wild kreischten;
und auch, wie sie mit Krallen mörderisch einander rupften,
erkannt ich da; denn unverkennbar war der Flügel Schwirren.
Erschrocken prüfte ich sogleich den Opferbrand
auf den mit vollem Feuer lodernden Altären. Aus den Opfergaben aber
erstrahlte nicht Hephaistos, sondern auf der Asche
zerschmolz durchnässt das Fett der Schenkelteile

vor 988 **Seher:** prophetisch begabter Mensch, der göttliche Zeichen deuten kann | 1007 **Hephaistos:** Gott des Feuers, hier: Personifikation des Opferfeuers

und spritzte auf und qualmte, und, hoch in die Luft gewirbelt,
zerplatzten dann die Gallenstücke, und, herausgeschmolzen,
lagen die Schenkel frei vom Fett, das sie umhüllte.
Vom Knaben hier erfuhr ich dies:
Zunichte wurde mein Weissagen, da die Opferriten zeichenlos geblieben.
Denn mir ist dieser Führer, wie den andern ich.
Und daran krankt infolge deines Denkens unsre Stadt.
Denn die Altäre und hochheilgen Opferherde sind uns jetzt
besudelt durch der Vögel und der Hunde Fraß
am Leib von Ödipus' gefallnem Unglückssohn.
Und darum nehmen keine Opferbitten mehr die Götter an
von uns noch auch der Schenkelstücke Brand,
und krächzend schrillt kein Vogel Rufe, klar zu deuten:
Sie fraßen sich am Fett, dem blutgen, des Erschlagnen satt.
Dies nun, mein Sohn, bedenke! Denn den Menschen
insgesamt gemeinsam ist das In-die-Irre-Gehen.
Wenn einer aber in die Irre ging, ist der nicht länger
ein gedankenloser oder glückverlassner Mann, der, falls ins Unglück
er sich stürzte, Heilung sucht und sich nicht unbeugsam verhält.
Nur Starrsinn macht des Unverstands sich schuldig.
Drum gib dem Toten nach und stich nicht weiter ein
auf den, der umgekommen! Welche Heldentat, den Toten nochmals töten!
Ich mein es gut mit dir und rat dir gut, und Lernen
von einem, der dir gut rät, ist beglückend, wenn sein Rat dir Vorteil bringt.

KREON. O Alter, alle wie die Bogenschützen nach dem Ziel
schießt ihr auf *diesen Mann* und selbst die Seherkunst

habt ihr an mir versucht! Von diesem Klüngel
bin ich verfrachtet und verkauft seit langem schon.
Erschachert euch Gewinn, erhandelt euch von Sardes her
das Silbergold, das Gold von Indien, wenn ihr wollt:
Ihr werdet jenen Mann in keinem Grab mir bergen!
Und wenn ihn auch Zeus' Adler sich zum Fraß erraffen
und hin zum Thron des höchsten Gottes tragen wollten,
selbst dann werd ich, nicht zitternd vor Befleckung,
ihn nicht bestatten lassen, denn ich weiß es gut:
die Götter zu beflecken, das vermag kein Mensch.
Es kommen von den Menschen, Greis Teiresias,
schmählich auch die Mächtigsten zu Fall,
wenn schmähliche Gedanken schön sie reden um des
Vorteils willen!

TEIRESIAS. Weh!
Weiß von den Menschen einer und bedenkt …

KREON.
Was denn? Wie lautet dies dein allgemeines Wort?

TEIRESIAS. … wie sehr die Richtigkeit des Denkens höchstes
aller Güter ist?

KREON.
So sehr, mein ich, wie Unverstand der größte Schaden ist.

TEIRESIAS. Von dieser Krankheit eben bist du voll.

KREON.
Ich habe keine Lust, des Sehers Kränkung zu erwidern.

TEIRESIAS. Und doch, du tust's, wenn meinen Seherspruch
du Lüge nennst.

KREON.
Ja, denn die ganze Seherbrut ist auf das Geld versessen!

TEIRESIAS.
Und die der Herrscher giert nach schimpflichem Gewinn!

KREON. Ist dir bewusst, dass es der Herrscher ist, von dem du
all dies sagst?

1038 **Silbergold:** Legierung aus Gold und Silber, die bei der Stadt Sardes (Kleinasien) gewonnen wurde | 1038 **das Gold von Indien:** Indien und Kleinasien waren als sehr goldreiche Gebiete bekannt. | 1040 **Zeus' Adler:** Adler waren das Symbol des obersten Gottes.

TEIRESIAS. Ja, denn durch mich hast du die Stadt gerettet,
übst die Herrschaft aus.

KREON.
Ein kluger Seher bist du, doch dem Unrecht zugetan!

TEIRESIAS. Du drängst mich noch, was unbewegt in meiner
Seele schlummert, zu eröffnen!

KREON. Beweg's, doch rede nur nicht dem Gewinn zulieb!

TEIRESIAS. Sprach ich bis jetzt in deinen Augen wirklich so,
was dich betrifft?

KREON.
Und mach dir klar: Mein Denken wirst du nicht erkaufen!

TEIRESIAS.
Doch du mach klar dir, dass du nicht mehr allzu oft
der Sonne raschen Umlauf wirst erleben,
bis einen Toten du, entsprosst aus deinen Lenden,
den Toten zum Entgelt erstatten musst,
dafür, dass einen du von denen oben hast hinabgestürzt,
ein lebend Wesen ehrlos hausen lässt im Grab,
hier oben aber festhältst ihn, der zugehört den Göttern
drunten,
des, was ihm zukommt, unteilhaftig, unbestattet,
ungeweiht: den Toten!
Nicht du hast drüber zu befinden noch die Götter,
die oben sind, nein, ihnen zwingst du dieses auf.
Drum stellen dir die Unheilsmächte nach, die hinterher
zerstören,
des Hades und der Götter Rachegeister,
dass du von diesen gleichen Übeln wirst erfasst.
Und achte drauf, ob ich von Silbergeld bestochen
dies rede! Zeigen wird das – und das dauert nicht mehr
lange –
von Männern, Fraun in deinem Haus das Wehgeschrei.
In Feindschaft aber werden alle Städte aufgestört,

wo Hunde an zerfetzten Leichen heilgen Dienst versehn
oder wilde Tiere oder schwingenreich ein Vogel,
der entweihenden Geruch zum Herd der Städte bringt.
Derartge Pfeile – denn du kränkst mich – wie ein Bogenschütze
schoss ich im Herzenszorn ab gegen dich,
treffsichre, deren Flammenschmerz du nicht entrinnen wirst.
Doch Knabe, führe mich nach Haus, damit der da
auf Jüngre lenke seinen Zorn
und er zu bilden lerne eine ruhigre Zunge und
zu bessrem Denken seinen Geist als jetzt!
Teiresias, geführt vom Knaben, geht ab.

CHORFÜHRER.
Der Mann, Herr, ging, nachdem er Fürchterliches prophezeit.
Doch wissen wir, seit dieses weiße Haar
anstatt des schwarzen mir das Haupt umkränzt,
dass nie vor dieser Stadt er eine Lüge sprach.

KREON.
Ich weiß es selbst und bin verstört in meinem Geist.
Nachgeben? Furchtbar! Doch durch Widerstand
den stolzen Geist mit Unheil schlagen, furchtbar ist es auch.

CHORFÜHRER.
Sich klug beraten tut jetzt not, Menoikeus' Sohn!

KREON. Was also ist zu tun? So sprich, ich will dir folgen!

CHORFÜHRER.
Geh hin und lass das Mädchen aus der unterirdschen Gruft
und schaff dem hingestreckten Mann ein Grab!

KREON.
Und das empfiehlst du und hältst es für richtig nachzugeben?

CHORFÜHRER. So schnell wie möglich, Herr! Es holen nämlich schnellen Fußes
der Götter Schadengeister ein all die verkehrten Sinnes sind.

KREON. O weh, nur mühsam rücke ich von meinem frühren Denken ab
und tu's! Doch schwer ist anzukämpfen gegen die Notwendigkeit.

CHORFÜHRER.
So geh und tu's und überlasse es nicht andern!

KREON.
So, wie ich bin, will ich denn gehn! Los, los, ihr Diener,
ob hier, ob nicht hier: Äxte nehmt zur Hand
und eilt zum Hügel hin, den man dort drüben sieht!
Und ich, da mein Entschluss sich so gewandelt hat,
will, die ich höchstpersönlich eingekerkert, selbst nun auch befrein.
Denn ich befürchte, die bestehenden Gesetze
zu wahren, ist das Beste, bis an unsres Lebens Ziel.
Kreon geht mit den Dienern ab.

5. Stasimon (1115–1154)

CHOR. Vielnamiger, der kadmeischen Jungfrau Kleinod und Stolz [Str. 1
und Zeus', des dumpfdonnernden,
Spross, der die berühmte du rings umschirmst,
Italia, und waltest
in den allgastlichen, der eleusinischen
Demeter Buchten, o Bakcheus,
der du der Bakchen Mutterstadt Theben
bewohnst an des Ismenos
fließenden Wassern und bei des wilden
Drachens Gefilden der Saat.

Dich hat über dem zweigipfligen Felsen [Gegenstr. 1
gesehen der leuchtende Qualm, wo die korykischen

1121 **Demeter:** Göttin des Getreidebaus und der Fruchtbarkeit | 1123 **Ismenos:** Fluss in Theben | 1127 **der leuchtende Qualm:** der Kultfackeln

Nymphen schreiten, die bakchischen,
und Kastalias Quell.
Und es entsenden dich der nyseischen Berge
efeubestandene Hänge und grünende,
traubengesegnete Ufer,
wenn du unter deines unsterblichen
Gefolges Jubelrufen
Thebens Gassen besuchst.

Sie ehrst du vor allen [Str. 2
als die höchste der Städte
zusammen mit der blitzzerschmetterten Mutter;
auch jetzt, da von gewaltsamer Krankheit
festgehalten wird die gesamte Stadt,
komm mit entsühnenden Schritten über Parnassos'
Hänge oder den tosenden Sund!

Io, der feuersprühenden [Gegenstr. 2
Sterne Reigenführer du, nächtlicher
Jubelrufe Wächter,
Zeus' Spross, erscheine,
o Herr, samt deinem dienenden Schwarm,
den Thyiaden, die dich rasend verzückt die ganze Nacht durch
feiern durch Tänze, dich, ihren Meister Iakchos!

Exodos (1155–1353)

1. Teil: 1155–1182; 1183–1245; 1246–1256

BOTE. Anwohner ihr von Kadmos' und Amphions Burg!
Nicht gibt's ein Menschenleben, wie's auch stehen mag,
dass je ich preisen oder tadeln möcht,

1131–33 **der nyseischen Berge … traubengesegnete Ufer:** Anspielung auf den Ort Nysa, an dem Dionysos aufwuchs | 1142 **Parnassos':** Gebirge in Griechenland | 1151 **Thyiaden:** die im Schwarm umherziehenden Dionysosverehrer | 1152 **Iakchos:** ein anderer Name für Dionysos; vgl. Anm. zu V. 1115–22

Denn Schicksal hebt empor und Schicksal bringt zu Fall
allzeit den Glücklichen wie auch den Unglücksmann,
und kein Seher weiß, was bei den Menschen Dauer hat.
Denn Kreon war in meinen Augen einst beneidenswert,
hatte er dies Land des Kadmos doch errettet vor dem Feind,
des Landes unumschränkte Königsmacht an sich genommen
und es gelenkt auf gradem Kurs, umblüht von wohlgeborner Kinder Saat.
Und nun ist alles hin! Denn hat ein Mann
verspielt die Lebensfreude, dann, so glaub ich nicht,
dass dieser lebt, nein, eine Leich mit Seele dünkt er mich.
Häuf, wenn du willst, den größten Reichtum auf in deinem Haus
und leb in königlichem Prunk – doch fehlt
daran das Frohsein, kauft ich alles andre einem Mann
nicht um des Rauches Schatten ab – verglichen mit der Freude.

CHOR. Welch neues Leid des Königshauses bringst du uns?

BOTE. Tot sind sie; die leben, die sind schuld an ihrem Tod.

CHOR. Wer ist der Mörder? Wer der Hingestreckte? Sprich!

BOTE.
Haimon ist tot; durch eigne Hand liegt er in seinem Blut.

CHOR. Durch seines Vaters oder durch die eigne Hand?

BOTE. Durch eigne, seinem Vater zürnend ob des Mords!

CHOR. Wie richtig, Seher, war das Wort doch, das du sprachst!

BOTE. Da so die Dinge stehn, gilt's alles Weitre zu bedenken.

CHOR. Da seh ich Eurydike in der Näh, die Leidgeprüfte,
Kreons Gemahlin; aus dem Hause tritt sie, sei's
aus Zufall oder weil sie von dem Sohn gehört.

EURYDIKE. Ihr Bürger alle, eure Reden hörte ich,
als ich zum Ausgang schritt, um Göttin Pallas
hilfeheischend mit Gebeten anzuflehn.
Ich löse grad die Riegel, und das Tor

1184 **Pallas:** Beiname der Athene, Göttin der Weisheit und der Bildung

geht auf, da dringt der Klang von unsres Hauses Leid
mir durch die Ohren; rücklings sinke ich
entsetzt auf meine Mägde hin; die Sinne schwinden mir.
Doch sagt noch einmal jetzt, was ihr gesprochen habt!
Im Leid nicht unerprobt, will ich es hören.

BOTE. Ich, liebe Herrin, will als Augenzeuge reden
und von der Wahrheit übergehn kein einzges Wort.
Wozu dich sanft behandeln, um dann hinterher
als Lügner dazustehn? Die Wahrheit ist allzeit das Richtige.
Ich folgte als des Weges Führer deinem Gatten
zum höchsten Punkt der Ebene, wo mitleidlos noch immer,
umhergezerrt von Hunden, Polyneikes' Leiche lag.
Dort flehten wir die Wegegöttin an
und Pluton, gnädig ihren Zorn zurückzuhalten,
und wuschen ihn mit heilger Waschung und verbrannten
auf frisch gebrochnen Zweigen, was von ihm noch übrig war,
und schütteten ein hohes Grab aus Heimaterde auf
und gingen dann zum steingefügten, hohlen Brautgemach
des Mädchens hin, des Totengottes Kammer.
Da hört von weitem einer eine Stimme schrillen Klagens
beim Grabesbau, den keine Totengaben schmückten,
und kommt und zeigt es Kreon an, dem Herrscher.
Auch den umtönt, indem er näher kommt,
noch undeutbar ein Unglücksschrei, und unter Stöhnen
stößt er das jammervolle Wort hervor: »O ich Geschlagener!
Bin ich ein Seher? Geh ich nun den unheilvollsten
Weg aller Wege, die man je gegangen ist?
Des Sohnes Stimme rührt mich an. Auf, Diener,
geht eilends näher, tretet an das Grab,
dringt in die Spalte ein der Gruft, wo Steine man herausgebrochen,
bis hin zum Eingang und erkundet, ob ich Haimons Stimme

1199 **Wegegöttin:** Hekate, die an Wegkreuzungen, aber auch an Gräbern verehrt wurde |
1200 **Pluton:** ein anderer Name für den Unterweltsgott Hades

vernehme oder mich die Götter narren!«
Des mutberaubten Herrn Befehlen folgen wir
und schauen nach und sehn zuhinterst in der Grabeskammer
sie aufgehängt am Hals, geknüpft in eine Schlinge,
gedreht aus Fäden feinen Linnens,
und *ihn*, wie er, sich an sie schmiegend, ihre Hüfte rings umfing,
den Untergang der Braut im Totenreich bejammernd,
des Vaters Tat und das versagte Eheglück.
Der, als er Haimon sieht, schreit schaurig auf,
dringt zu ihm vor und schluchzt und ruft:
»O Armer, was hast du getan? Was denn nur kam
dir in den Sinn? Durch welches Unglück wurdest du verstört?
Kind, komm heraus! Auf meinen Knien bitt ich dich!«
Ihn aber starrt mit wilden Blicken an der Sohn,
erwidert nichts und speit ihm ins Gesicht und zieht
sein doppelschneidig Schwert, und da der Vater
in wilder Flucht hinausstürzt, so verfehlt er ihn; drauf rammt der Ärmste,
auf sich selbst ergrimmt, dagegen angestemmt, sogleich
das Schwert sich bis zur Hälfte in die Seite und umarmt,
bei Sinnen noch die Jungfrau mit erschlafftem Arm;
und keuchend stößt er einen jähen Strom
blutger Tropfen aus auf ihre weiße Wange.
So liegt er tot nun bei der Toten, hat die Hochzeitsweihn
erlangt, der Arme, in des Hades Haus
und hat gezeigt den Menschen, wie sehr Unverstand
für einen Mann das größte Übel ist.
Eurydike ist stumm ins Haus gegangen.

CHORFÜHRER. Wie deutest du's? Die Frau ist wieder fort,
eh sie ein gutes oder böses Wort gesagt.

BOTE.
Auch mich verwundert's; doch es nährt die Hoffnung mich,
dass sie, nachdem sie von dem bittren Los des Sohns gehört, das Jammern
offen vor der Stadt für ungehörig hält und drinnen unterm Dach
die Mägde anweist, um des Hauses Leid zu klagen.
So unbesonnen ist sie nicht, dass sie was Falsches täte.

CHORFÜHRER.
Ich weiß nicht; doch mir scheint zu tiefes Schweigen
nicht weniger beklemmend als viel leeres Schrein.

BOTE.
Doch bald erfahren wir, ob sie nicht doch etwas geheim
zurückbehält und es im aufgewühlten Herzen birgt,
wenn wir ins Haus gehn; du hast recht:
Auch das zu tiefe Schweigen löst Beklemmung aus.
Der Bote geht ins Haus. Kreon, mit Haimons Leichnam in den Armen, kommt von der Seite.

2. Teil: Der Kommos (1257–1353)

CHORFÜHRER. Doch da naht der Gebieter selbst,
hält in den Armen ein Mal mit deutlichen Zeichen,
nicht durch anderer Schuld, wenn dies mir zu sagen erlaubt ist,
sondern weil selbst er gefehlt hat.

KREON. Io! [Str. 1
Unsinnigen Denkens Verfehlungen,
tödlicher Starrsinn!
O die ihr Töter
und Getötete seht gleichen Blutes!
Weh mir, wie heillos meine Entschlüsse!
Io, Kind, jung in unzeitigem Tod

– aiai! aiai! –
bist du gestorben, geschieden
durch meine Torheit, nicht deine!

CHOR. Weh, wie gar spät, scheint mir, erkennst du doch das Rechte!

KREON. Weh mir,
ich hab es gelernt, ich Armer! Auf mein Haupt
hat da ein Gott mit großer Wucht mich
geschlagen, hinein mich in wilde Bahnen geschleudert,
o mir, und sie, mit den Füßen zertretend, umgestürzt die Freude des Lebens.
Weh, weh, io, der Sterblichen qualvolle Qualen!

EIN ZWEITER BOTE. *Kommt aus dem Haus.*
Herr, Leid besitzt du und erwirbst du noch dazu:
Das eine trägst du da in deinen Armen, und es scheint, du kommst
auch noch das andre bald zu sehn in deinem Haus.

KREON. Welch schlimmres Unheil gibt es noch nach all dem Unheil?

BOTE. Die Frau ist tot, ganz Mutter dieses Toten!
Sie starb, die Ärmste, eben jetzt an frisch geschlagnen Wunden.

KREON. Io! [Gegenstr. 1
Io! Des Hades Hafen, schwer zu versöhnen!
Warum, warum richtest du mich zugrunde?
Zum Boten.
O der du kamst mir zu bringen
den Schmerz schlimmer Nachricht: Was meldest du mir?
Aiai, dem schon Gebrochenen gabst du den Todesstoß!
Was sprichst du, Bursche? Welch neuer, sagst du,
aiai aiai,
blutiger Tod, der Tod meines Weibes,
lagert sich um mich hinzu zum Verderben des Sohnes?

CHORFÜHRER.
Du kannst es sehn, es bleibt nicht länger im Verborgnen!
Die tote Eurydike wird auf einer Bahre herausgetragen.
KREON. Wehe!
Dies andre, zweite Unheil sehe ich, ich Armer!
Welches, ach, welches Geschick erwartet mich noch?
Ich halte in Armen eben jetzt meinen Sohn
und sehe, ich Ärmster, jetzt sie vor Augen, die Tote.
Weh, weh, unselige Mutter, wehe, o Kind!
BOTE. Vom scharfgewetzten Schwert getroffen, hingesunken am Altar,
ließ sie ins Dunkel ziehn ihr Augenlicht, wehklagend um
Megareus' leeres Bett, der vorher schon gestorben,
und drauf um das von dem *(auf Haimons Leiche weisend)* und wünschte dir zuletzt
ein schlimmes Schicksal an, dem Mörder ihrer Kinder.
KREON. Aiai, aiai! [Str. 2
Ich flattre vor Schrecken! Was hat mich nicht einer
vorn in die Brust getroffen mit doppelt geschliffenem Schwert?
Elender ich, aiai,
in elende Qual bin ich verstrickt.
BOTE. Dass Schuld du trägst am Tod des einen wie des andern,
hat dir die Tote hier zur Last gelegt.
KREON. Wie schied in blutger Tat sie aus dem Leben?
BOTE. Sie stieß mit eigner Hand sich unters Herz,
als sie dies schrill beweinte Leiden ihres Sohns erfuhr.
KREON. Weh mir! Nie kann auf einen anderen Sterblichen
abgewälzt werden von mir diese Schuld!
Denn *ich* habe dich, *ich* dich getötet, o ich Unseliger!
Ja, *ich*, ich sage die Wahrheit! Io, ihr Diener,
bringt schleunigst mich fort, schafft mich aus dem Weg,
mich, der nicht mehr ist als ein Niemand!

CHORFÜHRER.
Dein Rat ist nützlich, wenn im Unheil noch ein Nutzen ist:
Am besten ist's, wenn Leid vor Augen schnellstens
schwindet!
KREON. Es komme, komme, [Gegenstr. 2
erscheine meiner Geschicke schönstes,
das den letzten Tag mir bringt,
erhabenstes! Es komme, komme,
dass ich den anderen Tag nicht noch sehe!
CHORFÜHRER.
Das löst die Zukunft. Doch von dem, was vor uns liegt,
gilt's manches noch zu tun. Drum kümmert sich, wer drum
sich kümmern muss.
KREON. Nur das, was ich ersehne, hab ich mir erfleht.
CHORFÜHRER.
Erbitt jetzt nichts! Denn aus verhängtem Schicksal kann
kein Sterblicher Befreiung finden.
KREON. So führt mich hinweg, den nichtigen Mann,
der dich, o Sohn – nicht mit Willen – getötet,
dich, und auch die da *(weist auf die tote Eurydike)*, ich
Ärmster! Ich weiß nicht,
wen von beiden ich anschau, wo ich mich anlehn; denn alles
ging schief, was ich nahm an die Hand, und mein Haupt
sprang an
ein schwer zu ertragendes Schicksal.
Er wird von Dienern ins Haus geführt.
CHOR. Weitaus erste Bedingung des Glücks
ist das vernünftige Denken; man darf die Sphäre der Götter
niemals entheiligen; doch große Worte
der über die Maßen Stolzen lehren,
haben sie unter großen Schlägen gebüßt,
im Alter vernünftiges Denken.

Anhang

1. Zur Textgestalt

Der Werktext der vorliegenden Ausgabe folgt der Edition:

> Sophokles: Antigone. Tragödie. Übers., Anm. und Nachw. von Kurt Steinmann. Stuttgart: Reclam, 2013 [u. ö.]. (Universal-Bibliothek. 19075.)

Die Übersetzung von Kurt Steinmann beruht im Wesentlichen auf der Ausgabe von A. C. Pearson (Oxford: Clarendon, 1924; repr. 1985).

2. Anmerkungen

13 **beider Brüder:** Zur Vorgeschichte im Mythos: Antigone, Ismene, Eteokles und Polyneikes waren Kinder des Ödipus, des früheren Königs von Theben. Von diesem übernahmen seine Söhne Eteokles und Polyneikes die Herrschaft und wollten sie in jährlichem Wechsel ausüben. Als aber nach dem ersten Jahr Eteokles sich weigerte, seinem Bruder den Thron für das nächste Jahr zu überlassen, stellte Polyneikes mit Hilfe des Königs der Stadt Argos ein Heer auf und zog gegen seine Vaterstadt Theben, um seinen Herrschaftsanspruch geltend zu machen. In der Schlacht kämpften die beiden Brüder gegeneinander und kamen beide um. Am Tag darauf setzt die Handlung unseres Stückes ein.

74 **nach frommer Freveltat:** Antigones frommes Handeln gegenüber ihrem verstorbenen Bruder ist für den Herrscher Kreon eine Freveltat, ein Verbrechen.

126 **des entgegenkämpfenden Drachens:** Kadmos, der Stadtgründer Thebens, erschlug einen Drachen und streute dessen Zähne als Saat aus. Aus ihnen erwuchsen die ersten Bewohner der Stadt. Daher steht der Drache symbolisch für die ganze Stadt Theben.

132 **der oben am Ziel:** Der Argiverfürst Kapaneus prahlte, er werde Theben auch gegen Zeus' Willen erobern. Zur Strafe erschlug Zeus ihn mit dem Blitz.

166–168 **Laios' … Ödipus … Iokastes:** Ödipus folgte seinem Vater Laios auf den Königsthron und heiratete unwissentlich seine Mutter Iokaste. Diese Vorgänge sind Gegenstand von Sophokles' Stück *König Ödipus*. Vgl. zu den Verwandtschaftsverhältnissen auch den Labdakiden-Stammbaum, Abb. 4, S. 76.

670–674 **Speergewitter … Speergenossen:** Kreon erläutert die Bedeutung von Disziplin anhand des Kriegswesens: Nur der Gehorsam verhindere in der Schlacht, dass sich trotz feindlichen Geschosshagels die eigenen Kampfreihen auflösen und jeder Krieger mit seinem Speer die Formation aufrechterhält.

824 **die Fremde aus Phrygien:** Anspielung auf den Mythos der Niobe, der Tochter des Tantalos: Sie hatte sieben Töchter und sieben Söhne und stellte sich deswegen in vermessenem Stolz über die Göttin Leto, die nur zwei Kinder hatte, die Zwillinge Apollon und Artemis. Die gekränkte Leto schickte ihre Kinder auf einen Rachefeldzug: Sie töteten alle Kinder Niobes. Vor Trauer verstei-

nerte Niobe am Berg Sipylos. Die dort entspringenden Gewässer wurden als Tränen der Niobe gedeutet.

938 **Götter ihr des früheren Geschlechts:** Ares und Aphrodite, die Eltern der Harmonia, der Gemahlin des Kadmos, des Gründers von Theben.

944 **Danaes:** Danaë war die Tochter des Akrisios, Königs von Argos, und Mutter von Perseus. Sie wurde von ihrem Vater in einen Turm gesperrt, als dieser durch ein Orakel erfuhr, dass sein Enkel die Herrschaft über Argos an sich nehmen würde. In ihrem Gefängnis wurde sie von Zeus geschwängert, der in Gestalt eines goldenen Regens in ihr Verlies eindrang (vgl. V. 950).

955 **des Dryas jähzorniger Sohn:** Gemeint ist Lykurgos, König der thrakischen Edonen. Er verbot die Verehrung des Gottes Dionysos und verhöhnte ihn. Zur Strafe wurde er an einen Felsen gekettet.

966 **den schwarzblauen Felsen:** Gemeint sind die Symplegaden, zwei kleine Inseln an der Meerenge (Bosporos, V. 969) zwischen dem Schwarzen Meer und dem Marmarameer (»des zwiefachen Meeres«, V. 966).

970–985 **Salmydessos … Hügel:** Salmydessos ist eine Stadt an der thrakischen Küste (nahe der Heimat des Gottes Ares, V. 970), in der König Phineus (V. 971) herrschte. Dieser verstieß seine Gattin Kleopatra und heiratete erneut. Seine neue Frau Idaia nahm den beiden Söhnen Kleopatras das Augenlicht und warf sie in ein Felsgrab (V. 972–976). Kleopatra war eine Tochter des Windgottes Boreas (V. 985) und Enkelin des Athenerkönigs Erechtheus (V. 982).

1005 **Opferbrand:** Im Altertum wurden den Göttern Tiere als Brandopfer dargebracht. Teiresias stellt fest, dass die Brandopfer neuerdings misslingen, und schließt daraus, dass die Götter unzufrieden sind, weil sie offensichtlich die Gaben nicht annehmen (vgl. V. 1019 f.).

1115–22 **Vielnamiger … Mutterstadt Theben:** Gemeint ist der Gott Dionysos, der viele kultische Namen, z. B. Iakchos, Bakchios, Bakcheus (V. 1121), besaß. Er war der Sohn der Kadmos-Tochter Semele (der kadmeischen Jungfrau, V. 1115) und des Zeus. Der Chor ruft ihn an, da Theben als Ursprungsort seines Kultes galt (»der Bakchen Mutterstadt«, V. 1122). Mit Italia (V. 1119) wird von Sophokles auf griechische Koloniegründungen des 5. Jh. v. Chr. angespielt, in denen u. a. auch Dionysos verehrt wurde. In Eleusis nahe dem Saronischen Golf war aus dem Kult der Demeter und des Dionysos eine Mysterienreligion erwachsen (»der eleusinischen Demeter Buchten«, V. 1120 f.).

1224 f. **bei des wilden / Drachens Gefilden der Saat:** In Thebens Gründungsmythos entstanden die ersten Thebaner aus den Zähnen eines von Kadmos erschlagenen Drachen.

1126–30 **zweigipfligen Felsen ... Kastalias Quell:** Das Parnass-Gebirge. Hier liegt die korykrische Grotte (nach der die »korykischen Nymphen« im Gefolge des Dionysos benannt sind) wie auch die Quelle der Kastalia (V. 1130).

1139 **blitzzerschmetterten Mutter:** Dionysos' Mutter Semele erbat sich von Zeus, er solle sich ihr in seiner wahren Gestalt zeigen; hierauf erschien der Gott als gleißender Blitzstrahl, der Semele tötete.

1145 **Sund:** Gemeint ist der Euripos, die Meerenge zwischen Euböa und dem Festland, die Dionysos überqueren musste, wenn er aus östlicher Richtung nach Theben gelangen wollte.

1155 **Kadmos' und Amphions Burg:** Kadmos, Gründer der Stadt Theben, errichtete die Burg Kadmeia. Später baute König Amphion mit seinem Bruder Zethos die Mauer rund um Theben.

1303 **Megareus':** Haimons älterer Bruder Megareus fiel im Kampf bei der Verteidigung Thebens gegen das Heer der Argiver (vgl. Anm. zu V. 13).

3. Sophokles: Leben und Zeit

Sophokles prägte mit seinen zahlreichen Tragödien – neben Aischylos und Euripides – das Athen des fünften vorchristlichen Jahrhunderts.

Q

»Sophokles, aus dem athenischen Bezirk Kolonos, um 497/496 v. Chr. geboren, war ein Zeitgenosse der beiden anderen großen Tragödiendichter Athens, des Aischylos (525/524–456) und des Euripides (um 480–406). Nach der Schlacht von Salamis (480 v. Chr.), bei der Aischylos mitgekämpft hatte, soll Sophokles als Jüngling den Chor beim Siegesreigen angeführt haben. Sophokles nahm am Leben seiner Stadt tätigen Anteil und bekleidete hohe Ämter, er übte auch priesterliche Funktionen im Kult athenischer Heilgottheiten wie des Asklepios aus. Die Überlieferung stellt ihn als einen Mann dar, den die Musen mit einem harmonischen, gewinnenden Wesen beschenkt hatten. Sein Werk zeigt ihn als einen Künstler, der den tragischen Inhalt seiner Stücke durch Maß und Ausgewogenheit der Form im Gleichgewicht hielt.

Von seinen über 100 Tragödien sind uns (wie von Aischylos) nur sieben erhalten geblieben, die zwischen 468 und postum 401 aufgeführt wurden. Es sind *Aias*, *Antigone*, *Die Trachinierinnen* (*Die Heimkehr des Herakles*), *König Ödipus*, *Elektra*, *Philoktet*, *Ödipus auf Kolonos*. 406/405 ist er in Athen gestorben.

Zur Entwicklung der dramatischen Technik hat Sophokles Bedeutendes beigetragen. So erhöhte er die Zahl der Chormitglieder von zwölf auf fünfzehn und fügte der Szene den dritten Schauspieler hinzu. Während bei Aischylos noch das Chorlied und die Rede des Schauspielers dominieren, macht Sophokles den Dialog zum Mittelpunkt des dramatischen Geschehens. Der Chor ist wie bei Aischylos entweder Gemeindechor, d. h. er besteht aus Bürgern der Stadt, wie in der *Antigone* oder im *König Ödipus*, oder er setzt sich als Gefährtenchor zusammen aus Begleitern der Hauptpersonen, wie in der *Elektra* oder im *Philoktet*. Er ist bei Sophokles jedoch, wie Aristoteles bezeugt (*Poetik*, Kap. 18, 1456a 26), als Mitspieler in die Handlung einbezogen. In der Aussage des Chors hört man also nicht, wie z. B. in Aischylos' *Agamemnon*, stets die Stimme des Dichters, die das Geschehen theologisch deutet, der Chor urteilt vielmehr oft aus der Perspektive der Rolle heraus, also etwa der älteren Bürger Thebens in der *Antigone*. Seine Meinungen sind daher jeweils auf ihren objektiven Gehalt hin zu überprüfen, zumal der Chor als Rollenfigur auch in doppelsinniger Rede, in tragischer Ironie und unbewußtem Vorausdeuten, sprechen kann. Ob dem Zuschauer eine Verständnishilfe durch die Mittel des Theaters geboten wurde, die uns verloren sind, durch unterschiedliche Tanzfiguren oder eine Modulation der Musik, kann nur vermutet werden.

Abb. 1.: Sophokles, antikes Bronzeporträt

Während Aischylos noch die Form der Trilogie bevorzugt hatte, also einen Mythos jeweils in drei aufeinanderfolgenden Stücken dramatisierte, wählte Sophokles die Tragödie als einzelnes Stück. Diese Änderung deutet auf eine gewandelte Sicht des Tragischen. In den drei Teilen der *Orestie* des Aischylos (*Agamemnon*, *Die Totenspende*, *Die Eumeniden*) enthüllt sich das Walten des Geschlechterfluchs, der auf der Atridenfamilie lastet und ihre Mitglieder in Schuld und Unglück verstrickt. Das Atridendrama des Sophokles, *Elektra*, steht für sich, ebenso wie sein *Ödipus*, der nicht, wie in Aischylos' verlorener Trilogie, sein Schicksal erfüllt, weil er den Fluch der Väter büßt. Für Sophokles entwickelt sich das Schicksal aus dem Wesen des Menschen. Er stellt in Ödipus die große Persönlichkeit dar, den Klugen, Selbstsicheren, der das Rätsel der Sphinx gelöst hat und sich anmaßt, der Erfüllung des Orakelspruchs entgehen zu können. ›Ungeheuer ist viel und nichts ungeheurer als der Mensch‹, heißt es in dem berühmten Chorlied aus der *Antigone*. Gerade durch seine großgeartete Natur neigt der Mensch dazu, die Grenzen zu überschreiten, die ihm als einem Sterblichen von der Gottheit gesetzt sind. Er verletzt die göttlichen Ordnungen und zieht sich seinen Untergang zu, nicht so sehr durch eine persönliche, moralisch anrechenbare Schuld, als vielmehr durch ein Verfehlen des Götterwillens infolge mangelnder Einsicht. Dieses Verfehlen kann auf Verblendung beruhen, auf einer Scheinsicherheit, es kann aber auch in bester Absicht erfolgen, ja es scheint oft geradezu unvermeidbar und damit tragisch. Auch Menschen, die sich keiner Verfehlung schuldig gemacht haben, müssen leiden, weil ihr Schicksal, ohne daß sie es wissen, Teil eines göttlichen Planes ist. Aus dem Verfehlen des Götterwillens oder seiner Unerkennbarkeit ergibt sich die Tragik bei Sophokles. Dennoch ist er überzeugt, daß die Götter, obwohl rätselhaft und undurchschaubar, gerecht handeln, wenn sie die verletzte Ordnung wiederherstellen. Am Schluß seiner Tragödien enthüllt sich der göttliche Plan, und es gilt anzuerkennen: ›Und in alledem ist nichts, was nicht Zeus ist‹ […].«

Marion Giebel: Erläuterungen und Dokumente. Sophokles: Antigone. Bibliogr. erg. Ausg. Stuttgart: Reclam, 2003 [u. ö.]. S. 28–30.

Zeittafel

v. Chr.

508 Demokratische Reformen des Kleisthenes in Athen

494–479 Perserkriege: Aufstand der kleinasiatischen unter persischer Herrschaft stehenden Städte, unter Hilfeleistung unter anderem der Athener (Ionischer Aufstand, 494 v. Chr.). Die persischen Großkönige Dareios I. und Xerxes I. unternehmen daraufhin Rachefeldzüge nach Griechenland. Doch es gelingt ihnen nicht, Griechenland zu unterwerfen. Als die beiden wichtigsten Schlachten gelten die von Marathon (490 v. Chr.) und das Seegefecht von Salamis (480 v. Chr.)

497/496 Sophokles wird in Kolonos (heute ein Stadtteil von Athen) geboren

um 490 Perikles wird geboren. Später – nach 462 v. Chr – ist er maßgeblich am Ausbau der attischen Demokratie beteiligt

478 Gründung des Ersten Attischen Seebundes

471/470 Sophokles' erste Tetralogie

468 Sophokles' erster Sieg in einem Tragödienwettbewerb

467/466 Sieg der Athener über die Perser am Fluss Eurymedon in Pamphylien

454 Niederlage der Athener gegen die Perser bei Naukratis in Ägypten

50er / frühe 40er Jahre In diesem Zeitraum verfasst Sophokles wohl seine Tragödien *Aias* und *Die Trachinierinnen*

449/448 Friedensschluss zwischen Persien und Athen (»Kallias-Frieden«)

447–432 Bau des Parthenon-Tempels auf der Athener Akropolis. Ausbau der Demokratie in Athen; Athen ist die herrschende Macht im Seebund

443/442 Sophokles ist einer der zehn Männer, die die Finanzen des Delisch-Attischen Seebunds verwalten; um diese Zeit Aufführung seiner Tragödie *Antigone*

441–439 Sophokles ist gemeinsam mit Perikles einer der zehn Strategen im Samischen Krieg

436–433 In dieser Zeit wahrscheinlich Aufführung von Sophokles' Tragödie *König Ödipus* (genaue Datierung unsicher)

431–404	Peloponnesischer Krieg: Der Attische Seebund unter der Führung Athens kämpft mit Unterbrechungen gegen den Peloponnesischen Bund, der von Sparta angeführt wird. Die Spartaner gewinnen den Krieg. Damit endet das klassische Zeitalter Athens sowie die Zeit der attischen Demokratie
428	(und vielleicht noch einmal 423/422) Sophokles bekleidet das Amt eines Strategen. 413–411 gehört er dem Gremium der Probulen an, das, nach der verheerenden Niederlage auf Sizilien gegründet, die radikale Demokratie eindämmen soll
414–411	In dieser Zeit verfasst Sophokles wohl seine Tragödie *Elektra* (genaue Datierung unsicher)
409	Sophokles verfasst die Tragödie *Philoktet*
407/406	Sophokles verfasst die Tragödie *Ödipus auf Kolonos*
406/405	Sophokles stirbt in Athen
404–403	Herrschaft der Dreißig (Tyrannen) in Athen
401	Aufführung von Sophokles' *Ödipus auf Kolonos*

4. Die antike Tragödie

4.1 Die Ursprünge der Gattung

Die antike Tragödie

Q

»Die griechische Tragödie ist ein religiöses Drama. Unter den verschiedenen Ursprungshypothesen erscheint diejenige besonders plausibel, die vom Namen ausgeht und ihn als ›Gesang beim Bocksopfer‹ deutet. Diese Definition bezieht sich auf die Opferung eines Bockes zu Ehren des Dionysos und den dabei gesungenen Kulthymnus, den Dithyrambos. Dieses Lied wurde vorgetragen von einem Chor aus Mitgliedern der Gemeinde, die das Fest des Gottes feierte. Als Sohn des Zeus und einer Sterblichen, der thebanischen Königstochter Semele, gehörte Dionysos nicht zu den ›leicht lebenden Olympiern‹ (Homer); mit seinen Taten und Leiden hatte er vielmehr ein Schicksal, das zu Reflexionen über die Götter- und Menschenwelt Anlaß bot. So war es möglich, daß in sein Kultlied und in das dazu gehörende Fest Elemente aus dem Heroenkult übernommen wurden, aus den Feiern zu Ehren der großen Helden des griechischen Mythos. Diese galten als menschlich-historische Gestalten, die durch ihr Geschick ins Göttliche erhöht waren und, wie später die christlichen Heiligen, Verehrung genossen. Die enge Verbindung von Heroenkult und Dionysosfeier bezeugt eine Nachricht Herodots [*Historien* 5,67]. Ihr zufolge hat der Tyrann Kleisthenes aus Sikyon, wo man den Heros Adrastos mit Chorliedern ehrte, diese Chöre dem Dionysos gegeben, d. h., er fügte sie den damals entstehenden jährlichen Festfeiern für Dionysos ein. In Athen hat der Staatsmann Peisistratos um 560 v. Chr. die Großen Dionysien eingeführt, ein mehrtägiges Götterfest mit musischen Wettkämpfen, bei denen die Dithyrambenchöre aufgeführt wurden. Diese Chorlieder enthielten bereits dialogische Elemente, Wechselgesänge, sowie die Reflexionen des Dichters, und sie wurden auch tänzerisch gestaltet. Von hier aus war es nur ein, allerdings entscheidender Schritt, dem Chor einen Sprecher beizugeben, den ersten Schauspieler, der Hypokritês, wörtlich ›Antworter oder Ausleger‹, hieß. Es war wohl die geniale Tat des Dithyrambendichters Arion (um 600/580 v. Chr.) aus Lesbos […], der aus dem Gemeindekultlied die Urtragödie schuf (so Harald Patzer). In der Folgezeit traten dann noch zwei Sprecher hinzu, so daß nun ein Dialog zwischen Einzelpersonen möglich wurde. Die Herkunft der Tragödie aus dem

Abb. 2: Das Dionysostheater am südlichen Hang der Athener Akropolis

Gemeindegesang erklärt die Bedeutung, die der Chor auch weiterhin behielt. Er repräsentiert die versammelte Festgemeinde.
Die Tragödie bleibt stets im kultischen Rahmen. Sie wird in Athen im Dionysostheater aufgeführt, am Fest der Großen Dionysien, bei denen der Gott in Gestalt seines Priesters selbst anwesend ist. Religiös bleibt auch ihre Thematik. Wie schon im Dithyrambos stehen im Mittelpunkt der Tragödie Taten und Leiden einer Gestalt des Mythos, der griechischen Götter- und Heldensage. In ihrem Schicksal vollzieht sich das Walten der Götter; als ein ›theologisches Paradeigma‹ (Harald Patzer) wird es darstellenswert.«

Marion Giebel: Erläuterungen und Dokumente. Sophokles: Antigone. Bibliogr. erg. Ausg. Stuttgart: Reclam, 2003 [u. ö.]. S. 24 f.

4.2 Struktur der Tragödie

Die Gattung der Tragödie wurde von dem griechischen Philosophen Aristoteles (384 v. Chr. – 322 v. Chr.) in seiner *Poetik* definiert. Er leitet ihre Strukturmerkmale auch aus den Werken von Aischylos, Sophokles und Euripides ab.

Q »Eine Tragödie des 5. Jh.s v. Chr. erhält die ihr eigene und von Aristoteles im 12. Kapitel seiner *Poetik* beschriebene Struktur aus dem Zusammenwirken der beiden am tragischen Spiel beteiligten Gruppen, der Schauspieler und des Chores, dessen Stärke Sophokles von zwölf auf fünfzehn Mann (Choreuten) erhöhte. Während der Chor sich aus Bürgern Athens zusammensetzte, waren die Schauspieler – vor allem in der zweiten Hälfte des 5. Jh.s – *professionals*, für die neben dem Wettkampf der Dichter ein eigener Schauspieleragon veranstaltet wurde. Die vom Chor zu Tanz gesungenen oder rezitierten Partien untergliedern eine Tragödie in mehrere große Blöcke. Aristoteles unterscheidet bei den Chorpartien das Einzugslied (*párodos*) und die Lieder, die der Chor nach seinem Einzug singt (*stásima*). Durch diese Chorlieder zerfällt der Rest einer Tragödie in folgende Teile: in den Prolog, den Aristoteles als den Abschnitt vor dem Einzug des Chores definiert, in die *epeisódia*, unter denen man die Teile zwischen den einzelnen Chorliedern (Parodos und Stasima) versteht, und schließlich in die *éxodos* (›Auszug‹), den Teil einer Tragödie, der auf das letzte Stasimon folgt.

Es liegt auf der Hand, dass eine strikte Anwendung des aristotelischen Gliederungsschemas dem organischen Aufbau einer Tragödie Gewalt antun würde. Aristoteles betont denn auch immer wieder in der *Poetik* (besonders in Kap. 6), dass die Qualität einer Tragödie allein durch den Mythos und die Handlungskonzeption (*sýstasis tõn pragmáton*), also die Fabel oder den *plot*, gewährleistet werde. Die Dichter versuchen, die starren Blöcke von Schauspieler- und Chorpassagen aufzubrechen. Gerade Sophokles wird von Aristoteles im 18. Kapitel der *Poetik* dafür gelobt, dass er den Chor eng in die Handlung eingebunden und wie einen weiteren Schauspieler eingesetzt habe. Dies erreichte der Tragiker unter anderem dadurch, dass er den Chor in Wechselgesänge mit den Schauspielern verwickelte (sogenannte *amoibaĩa* oder *kommoí*), die beiden Spielbereiche des Theaters, die Orchestra und Bühne (*skené*), in einen Dialog eintreten ließ.

Neben diesen strukturellen Gliederungsprinzipien, die die Unterteilung eines Stücks in größere Handlungsblöcke ermöglicht, gibt es eine Reihe von stereotypen ›Bauformen‹, die allen drei Tragikern gemeinsam sind. In erster Linie ist die *anagnórisis*, die ›Wiedererkennung‹, zu nennen. Aristoteles versteht in der *Poetik* (Kap. 11, 1452a 22 ff.) darunter den Umschlag von Nichtwissen in Wissen. Am wirkungsvollsten ist die Spielart, die mit der Peripetie, dem Handlungsumschwung eines Stückes, zusammenfällt, da eine derartige Anagnorisis im Zuschauer die elementaren Reaktionen Furcht und Mitleid hervorrufen und zur psychischen Reinigung (*kátharsis*) von diesen Affekten oder zu ihrer Läuterung führen kann. In dieser Hinsicht erfüllt der *König Ödipus* des Sophokles in höchstem Maße die Anforderungen des Aristoteles.

Zu den in jeder Tragödie präsenten Bauformen zählt der Botenbericht. In einer längeren Rede (*rhésis*) werden den Bühnenpersonen oder dem Chor hinter- oder außerszenische, vor oder während der dramatischen Handlung geschehene Ereignisse mitgeteilt, die nach den Möglichkeiten oder Konventionen des attischen Theaters nicht darstellbar sind. Die für das moderne Verständnis oftmals langatmigen Ausführungen genossen eine besondere Vorliebe beim Publikum des 5. Jh.s, da sie nach allen Mitteln der Rhetorik ausgestaltet waren und so der Begeisterung der Athener für rhetorische Glanzstücke entgegenkamen. Aischylos pflegt derartige Botenberichte vorwiegend an den Stellen im Handlungszusammenhang zu platzieren, an denen auf eine langsam aufgebaute bange Erwartung die oft bittere, schockierende Gewissheit folgt. Paradebeispiel ist der Bericht des persischen Boten, der dem Chor und der Königin Atossa die Niederlage der Flotte bei Salamis meldet (*Perser* 302 ff.). Rhetorische Glanzstücke sind die sieben Reden des Spähers, der in den *Sieben gegen Theben* (V. 375 ff.) die sieben angreifenden Heerführer beschreibt.

Sophokles setzt Botenberichte vor allem in den Schlussszenen ein, um die Katastrophe zu schildern, die nach den Konventionen des griechischen Theaters nicht auf der Bühne darstellbar war: die Qualen des Herakles, der von dem mit dem Unheil bringenden Blut des Kentauren Nessos durchtränkten Gewand gemartert wird, und den Selbstmord Deianeiras in den *Trachinierinnen* (V. 749 ff., 899 ff.), in der *Antigone* (V. 1192 ff.) den Tod Antigones und ihres Verlobten Haimon, im *König Ödipus* (V. 1237 ff.) den Selbstmord Iokastes und Ödipus' Selbstblendung, im *Ödipus auf Kolonos* (V. 1586 ff.) die Entrückung des greisen Ödipus. Besondere Fälle sind der Trugbericht des Pädagogen in der *Elektra* (V. 680 ff.), mit dem der Alte der verzweifelten Elektra und der triumphierenden Klytaimestra den angeblichen tödlichen Unfall des Orest bei einem Wagenrennen ausführlich ausmalt, und die Vorwegnahme der kriegerischen Ereignisse in einer Vision des Chores im *Ödipus auf Kolonos* (V. 1044 ff.).

Wie in der sophokleischen Tragödie nimmt auch in der euripideischen der Katastrophenbericht, besonders die Schilderung grausamer und grausiger Todesfälle, eine bevorzugte Stellung ein: So werden in der *Medea* (V. 1135 ff.) der Tod Kreons und seiner Tochter in dem durch Medeas Hochzeitsgeschenk verursachten Feuerinferno, im *Hippolytos* (V. 1173 ff.) der tödliche Unfall des Protagonisten, der von seinen eigenen Pferden zu Tode geschleift wird, oder in den *Bakchen* (V. 1043 ff.) das Ende des Pentheus geschildert, der von seiner eigenen, in Ekstase versetzten Mutter zerfleischt wird. Eine besondere Spielart liegt im *Orestes* (V. 1369 ff.) vor. Nicht in der Form der Rede, sondern in einer exaltierten, im Falsett gesungenen Arie berichtet ein phrygischer Sklave von den Ereignissen im Palast des Menelaos, der Entrückung Helenas und der Geiselnahme Hermiones, Helenas und Menelaos' Tochter, durch Orest und Pylades.

Ausdruck der besonderen Vorliebe der athenischen Zuschauer für rhetorische Glanzstücke sind auch die zahlreichen Redewettkämpfe. In Rede und Gegenrede tragen die Antagonisten ihre unterschiedlichen Auffassungen vor, bevor sie oft zu einem heftigen verbalen Schlagabtausch Vers für Vers (Stichomythie) oder gar in Halbversen (Antilabai) übergehen.«

Bernhard Zimmermann: Erläuterungen und Dokumente. Sophokles: König Ödipus. Stuttgart: Reclam, 2003 [u. ö.]. S. 43–46.

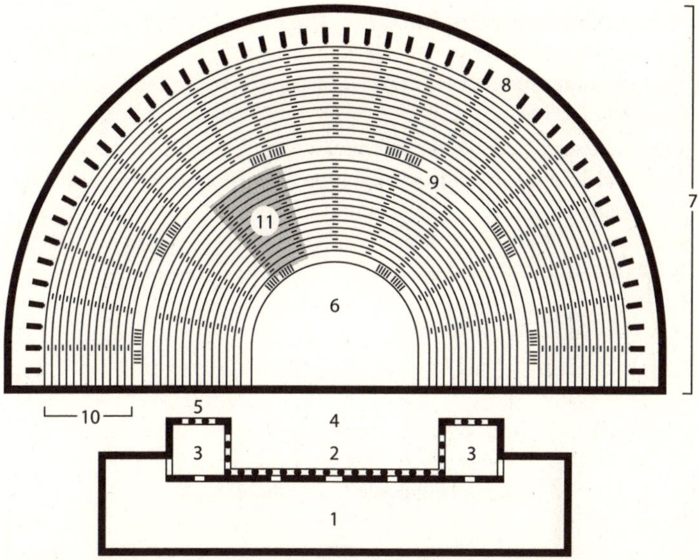

1 Skenengebäude, Bühnengebäude. 2 Skene, Bühnenwand. 3 Paraskenion.
4 Proskenion, Bühne. 5 Parodos, Durchgang. 6 Orchestra, Chorplatz.
7 Theatron, Zuschauerraum. 8 Bogengang mit Pfeilerhalle. 9 Diazoma, Gürtelgang.
10 Zona, Rang. 11 Kerkis, Segment.

Abb. 3: System des griechischen Theaters

5. Stoffgeschichte der *Antigone*

5.1 Der mythologische Hintergrund: Der Fluch der Labdakiden

Antigone stammt aus einer fluchbeladenen Familie. In der griechischen Mythologie sind die Labdakiden das Herrschergeschlecht der Stadt Theben:

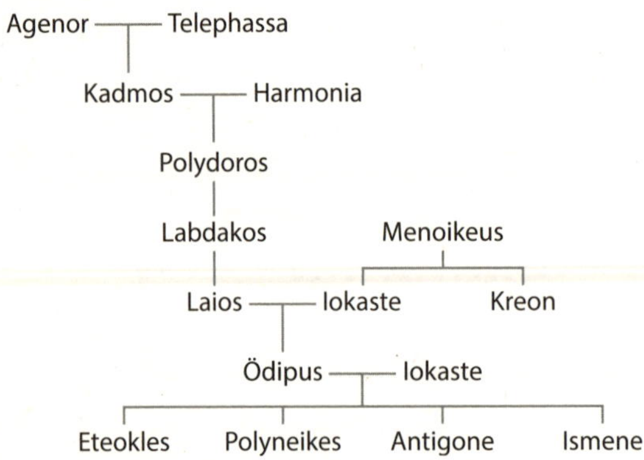

Abb. 4: Der Stammbaum der Labdakiden

Q

»Die Geschichte der Antigone ist Teil des komplexen Sagenkreises um die von Kadmos erbaute Stadt Theben. Nach dem Tode des Labdakos, des Enkels von Kadmos, fällt die Herrschaft an dessen Sohn Laios. Als Labdakos stirbt, ist Laios noch ein Kind, so daß die Regentschaft im Stadtstaat Theben von anderen Familienmitgliedern, namentlich der Tante des Laios, Nykteïs, und ihrem Bruder Lykos, ausgeübt werden muß. Laios seinerseits wird von Pelops aufgenommen und erzogen. Den Zwillingsbrüdern und Zeussöhnen Amphion und Zethos gelingt es, Nykteïs und Lykos aus Theben zu vertreiben und die Herrschaft eine Zeitlang an sich zu reißen. Als Laios im Exil herangewachsen ist, erteilt er Pelops' Sohn Chrysippos Unterricht im Wagenlenken und verliebt sich in ihn. Er entführt den Jungen und wird von Pelops verflucht: Falls er je einen Sohn bekomme, werde er durch dessen Hand sterben. Nach dem Tod Amphions, der durch den Hochmut seiner Frau Niobe zu Fall kam, kann Laios nach Theben zurückkehren und den Königsthron besteigen. Er heiratet Iokaste (Epikaste in Homers *Odyssee*, XI, 271) und zeugt trotz mehrerer Warnungen des Orakels von Delphi eines Nachts im Rausch einen Sohn. Beide Eltern erinnern sich an Pelops' Fluch und übergeben den Säugling mit durchbohrten Fersen einem Diener, damit er ihn im Kithairongebirge aussetze. Dort sollen ihn wilde Tiere und Raubvögel töten und fressen.

Das Kind wird jedoch von Hirten gefunden (oder diesen übergeben) und zu Polybos, dem König von Korinth, gebracht. Dieser gibt ihm den Namen Oidipus (Schwellfuß). Da Polybos und seine Gemahlin Periboia keine Kinder haben, erziehen sie Oidipus wie ihren eigenen Sohn. Als er herangewachsen ist, kommen ihm Gerüchte zu Ohren, daß er nicht aus Korinth stamme, worauf er seinerseits das Orakel von Delphi nach seiner Herkunft und seinen Eltern befragt. Das Orakel geht jedoch nicht auf seine Frage ein, sondern antwortet, er solle nicht in seine Heimat zurückkehren, da er sonst seinen Vater töten und seine Mutter heiraten werde. Erschreckt von dieser Nachricht, entscheidet sich Oidipus, nicht zurück nach Korinth, sondern in das benachbarte Theben – also unwissentlich in seine eigentliche Heimat – zu gehen. Auf einem Hohlweg begegnet er Laios mit einigem Gefolge. Der Aufforderung, den Weg frei zu machen, widersetzt sich Oidipus, worauf es zu einem Streit kommt, in dessen Verlauf einer von Laios' Gefolgsleuten eines der Pferde des Oidipus ersticht. Oidipus seinerseits gerät in Zorn und tötet sowohl den Gefolgsmann als auch Laios, ohne ihn als seinen leiblichen Vater erkannt zu haben. In Theben eingetroffen, gelingt es Oidipus, das Rätsel der Sphinx – das von Zeus' Gattin Hera geschickte Flügelwesen, das Unglück und Krankheiten über die Stadt gebracht hatte – zu lösen. Die Sphinx fragte nach einem Wesen, das eine Stimme habe und bald vierfüßig, bald zweifüßig, bald dreifüßig gehe (*Apollodors Bibliothek*, III, 53). Nachdem Oidipus errät, daß dieses Wesen der Mensch sei, erhält er vom neuen thebanischen Herrscher, Kreon, die Königswürde über Theben und die Hand seiner Schwester Iokaste, der Witwe des Laios und leiblichen Mutter des Oidipus. Sowohl der Fluch des Pelops als auch das Orakel von Delphi haben sich erfüllt (Sophokles, *König Oidipus*).

Oidipus und Iokaste regieren etwa zwanzig Jahre glücklich in Theben und bekommen vier Kinder: Eteokles, Polyneikes, Antigone und Ismene. (Die Reihenfolge der Geburten variiert, aber allgemein wird Eteokles als das älteste und Ismene als das jüngste Kind angesehen. Manche betrachten die Söhne als Zwillinge.) Als eines Tages wieder eine Seuche über Theben kommt, verkündet das Orakel, sie werde erst enden, nachdem der Mörder des Laios ausfindig gemacht worden ist. Der alte Diener des Laios, der Oidipus als Kleinkind ins Gebirge gebracht hatte, gesteht die Tat. Entsetzt über die Erkenntnis der Blutschande, sticht sich Oidipus die Augen aus; Iokaste erhängt sich. (In Euripides' *Phoinikierinnen* bleibt sie am Leben.) Oidipus verfügt, daß seine Söhne Eteokles und Polyneikes im jährlichen Wechsel die Nachfolge als Könige Thebens antreten sollen. Er selbst stirbt wenig später in Theben oder wird genötigt, die Stadt zu verlassen. Von Antigone geführt, flieht er nach Kolonós bei Athen, wo er vom dortigen König Theseus Asyl erhält und friedlich stirbt (Sophokles, *Oidipus auf Kolonos*).

Der erwünschte jährliche Thronwechsel zwischen Eteokles und Polyneikes findet aufgrund von Eteokles' Weigerung, die Königswürde nach einem Jahr wieder abzugeben und damit Unruhe in der Stadt hervorzurufen, nicht statt. Polyneikes verläßt daraufhin Theben und begibt sich zu König Adrastos nach Argos, wo er gleichzeitig mit dem ebenfalls aus seiner Heimat Kalydonien geflohenen Tydeus eintrifft. Adrastos glaubt, daß sich durch beider Ankunft ein altes Orakel erfülle, und verheiratet sie mit seinen Töchtern: Polyneikes erhält Argeia, Tydeus Deipyle. Einige Jahre später gelingt es Polyneikes, Adrastos davon zu überzeugen, mit ihm und fünf bzw. sieben weiteren Heerführern gegen Theben zu ziehen, um Eteokles die Königswürde zu entreißen. (Einige Mythographen zählen Polyneikes und Adrastos zu den sieben Angreifern und lassen zwei weniger bedeutende Namen weg, andere zählen beide nicht dazu. Die Zahl Sieben wird jedoch in jedem Fall beibehalten.) Es kommt zum Krieg zwischen Argos und Theben, in dessen Verlauf alle angreifenden Heerführer (bis auf Adrastos) fallen. Eteokles und Polyneikes töten sich gegenseitig im Zweikampf (Aischylos, *Sieben gegen Theben*). (Bei Euripides und in vielen späteren Versionen versucht Iokaste – zum Teil gemeinsam mit Antigone – vergeblich, zwischen den Brüdern zu schlichten und den Krieg zu vermeiden. Iokaste tötet sich noch auf dem Schlachtfeld; Antigone geht auch bei Euripides mit Oidipus ins Exil.)

Kreon, der Bruder der Iokaste, wird erneut Herrscher über Theben. Er verfügt, daß der alte König, Eteokles, würdevoll bestattet werden, während sein Bruder, der ›Verräter‹ Polyneikes, unbeerdigt vor den Toren der Stadt verwesen und den Tieren und Vögeln zum Fraß dienen soll. (Bei Euripides geht das Verbot auf eine Verfügung

Abb. 5: Antigone. Ölgemälde von Frederic Leighton, 1882

von Eteokles zurück.) Antigone beschließt, Kreons Verbot zu mißachten und Polyneikes zu beerdigen, indem sie symbolisch ein wenig Sand auf seinen Leib streut. Sie möchte damit gewährleisten, daß der Tote in der Unterwelt aufgenommen wird. (In einer vielleicht älteren und später wiederaufgenommenen Version – Ovid, Statius, Hyginus – wird Polyneikes von Antigone und seiner Gattin Argeia nachts auf einen Scheiterhaufen gezogen und am nächsten

Tag verbrannt. Zufällig handelt es sich um den Scheiterhaufen des Eteokles, so daß, als er in Brand gesteckt wird, zwei Flammen emporschießen und einander bekämpfen [Pindar]. Eteokles und Polyneikes sind auch im Tod nicht versöhnt.) Als Kreon von Antigones Tat erfährt, läßt er den Sand von der Leiche entfernen und Wachen aufstellen. Diese nehmen Antigone bei ihrem zweiten Beerdigungsversuch fest und führen sie vor Kreon. Sie gesteht die Tat ohne Reue und im Bewußtsein, nach dem Willen der Götter gehandelt zu haben, worauf Kreon sie zur Strafe lebendig in eine Höhle einmauern läßt. Teiresias, der Seher von Theben, appelliert an Kreon, die Härte der Strafe zu überdenken, und prophezeit ihm ein leidvolles Schicksal, falls er sich weiterhin so hartherzig zeige. Kreon läßt sich umstimmen und beschließt, Antigone zu befreien, doch es ist zu spät: Sie hat sich bereits an ihrem Gürtel erhängt. Als Haimon, der Sohn des Kreon und Antigones Verlobter, von ihrem Selbstmord erfährt, zieht er das Schwert gegen seinen Vater. Da dieser jedoch zurückweicht und der Streich mißlingt, richtet er die Waffe gegen sich selbst. Ebenso begeht Kreons Frau Eurydike Selbstmord, als sie von den Vorfällen erfährt (Sophokles, *Antigone*). Ismene ist somit die letzte Überlebende der Labdakiden, die einzige, die der Familienfluch nicht trifft.«

Martina Hayo / Lutz Walther: Der Fluch der Labdakiden [Einl. Kap. 1]. In: Mythos Antigone. Texte von Sophokles bis Hochhuth. Hrsg. von M. H. und L. W. Leipzig: Reclam, 2004. S. 11–14.

Abb. 6: Antigone und Kreon. Lithographie von Victor Duruy (1811–1894) aus dessen *Histoire des Grecs*

5.2 Ort der Handlung: Theben

Schauplatz der *Antigone* ist die antike Stadt Theben. Sie war die größte Stadt Böotiens im südöstlichen Mittel-Griechenland. Der Lexikonartikel hebt ihre Bedeutung für die Antike hervor:

»**Theben (Thebai)**. – Die bedeutendste Stadt Böotiens; in der griech. Geschichte spielte sie nach Athen und Sparta die wichtigste Rolle. T.s Ruhm in Mythos und Legende war unübertroffen; Sophokles nannte es (in einem erhaltenen Fragment) »die einzige Stadt, in der sterbliche Frauen die Mütter von Göttern sind« (nämlich von Dionysos und Herakles). […] Nach der Überlieferung […] war T. eine Gründung des Phönikers Kadmos, dessen Tochter den Gott Dionysos zur Welt brachte. Es wurde von den Epigonen in der Generation vor dem Trojanischen Krieg zerstört; deshalb fehlt sein Name in dem Verzeichnis (in *Ilias* 2) der gegen Troja kämpfenden griech. Städte.

T. war in mykenischer Zeit Standort eines Palastes (der Kadmeia) und wahrscheinlich Zentrum eines großen Reiches. Nach seinem Niedergang im sog. Dunklen Zeitalter hatte sich T. bis zum 6. Jh. v. Chr. so weit erholt, daß es sich an die Spitze eines lockeren Bundes böotischer Städte stellen konnte […], doch war es nie stark genug, um diese zu einem einzigen Staat unter seiner Führung zu vereinen. Die Regierung T.s war oligarchisch. In historischer Zeit trat T. erstmals in den Vordergrund, als es in den Perserkriegen die Perser unterstützte und deren Feldherrn Mardonios als Standort diente, von dem aus er in die Schlacht von Platää zog (479 v. Chr.). Platää, der bedeutendste böotische Stadtstaat südlich des Flusses Asopos, war seit 519 v. Chr. mit dem benachbarten Athen verbündet und hatte sich dadurch die unversöhnliche Feindschaft von Athens Rivalin T. zugezogen. Als Strafe der Griechen für die Unterstützung Persiens verlor T. seine Vormachtstellung im Böotischen Bund und erlangte sie erst 446 v. Chr. wieder […]. Durch den Überfall auf Platää 431 v. Chr. eröffnete T. den Peloponnesischen Krieg; 424 machte es durch seinen Sieg bei Delion den ehrgeizigen Versuch Athens zunichte, die Kontrolle über Böotien wiederzuerlangen, und nach dem Fall Athens 404 gehörte T. zu den Staaten, die seine Zerstörung forderten.

Nach dem Peloponnesischen Krieg rivalisierten T. und Sparta um die Vorherrschaft in Griechenland; in diesem Kampf war T. unter

Abb. 7: Karte Griechenlands in der Antike

Kap Artemision
Skyros
Ägäisches Meer
EUBOIA
Anthedon
Chalkis
Euripos
Eretria
Aulis
BOIOTIEN
Delion
Theben
Tanagra
Oropos
Oinophyta
Plataiai
Rhamnos
Dekeleia
Parnes
Eleutherai
Marathon
Kephissia
Pentelikon
Eleusis
Karystos
Athen
Pallene
Piräus
Phaleron
Andros
Nisaia
Salamis
Brauron
Hymettos
ATTIKA
Psyttaleia
Aigina
Laurion
Keos
Tenos
Saronischer Golf
Kap Sunion
Kalaureia
Troizen
Syros
Rheneia
Kykladen
Seriphos
Siphnos
Paros
Myrtoisches Meer
Melos

der Führung von Pelopidas und Epameinondas eine Zeitlang im Vorteil […]. T. besiegte nicht nur Sparta in der Schlacht von Leuktra (371 v. Chr.) und demütigte es in den folgenden Jahren, vielmehr dehnte es seine Macht auch nach Norden aus, brachte Teile Thessaliens unter seine Schutzherrschaft und machte seinen Einfluß am Hofe Makedoniens geltend […]. 368 v. Chr. wurde Philipp (der spätere König Philipp II.), der jüngste Sohn des makedonischen Königs Amyntas III., als Geisel nach T. gebracht und unter Epameinondas erzogen. Mit dem Tod des letzteren in der Schlacht von Mantineia 362 endete T.s Hegemonie […]. T. förderte die Pläne Philipps hinsichtlich Griechenlands, indem es ihn zum Eingreifen in den Kampf zwischen der Amphiktyonie und Phokis aufforderte […]; doch als Philipp 338 Athen bedrohte, fürchtete T. die Folgen der Unterjochung seiner Nachbarstadt, verbündete sich mit den Athenern und erlitt mit ihnen gemeinsam die Niederlage von Chaironeia. T. verlor daraufhin die Führung des Böotischen Bundes und erhielt eine makedonische Besatzung.

Kurz nach der Thronbesteigung Alexanders d. Gr. […] revoltierten die Thebaner (335 v. Chr.), doch Alexander erreichte die Stadt von Illyrien aus in fünf Tagen und eroberte sie. Auf Beschluß des Korinthischen Bundes, an dessen Spitze Alexander stand, wurde T. dem Erdboden gleichgemacht. Diese Bestrafung der einst so verhaßten Stadt empörte Griechenland, und als sie 316 durch Kassandros wiederaufgebaut wurde, leisteten viele griech. Städte finanzielle Hilfe. Das neue T. hatte während der ganzen röm. Zeit Bestand.

In T. wurden die mythischen Gestalten Teiresias sowie Amphion und Zethos […], der Dichter Pindar und vielleicht auch die Dichterin Korinna (wenn nicht in Tanagra) geboren. Bei der Zerstörung der Stadt wurde Pindars Haus auf Befehl Alexanders verschont.«

Margaret C. Howatson (Hrsg.): Reclams Lexikon der Antike. Stuttgart: Reclam, 1996. S. 639.

5.3 Antike Spuren des Mythos

Der griechische Reiseschriftsteller Pausanias behandelt in seinem Werk *Beschreibung Griechenlands* (um die Mitte des 2. Jh.s n. Chr.) auch die Sehenswürdigkeiten in Theben – darunter solche, die an Antigones Geschichte erinnern:

Q

»Ganz nahe beim Neïstischen Tor in Theben liegt das Grab von Menoikeus, Kreons Sohn. Nach dem Orakelspruch aus Delphi tötete er sich selbst, als Polyneikes und sein Heer aus Argos kamen. [...] Nicht weit von Menoikeus' Grab sollen die Söhne des Oidipus im Zweikampf beide den Tod gefunden haben. Als Erinnerungszeichen für ihren Kampf steht eine Säule mit einem steinernen Schild da. Man weist hier auch auf die Stelle, wo – gemäß der Sage der Thebaner – Hera, von Zeus irgendwie getäuscht, dem Herakleskind Milch gegeben hat. Die ganze Gegend heißt das ›*syrma* (Ziehen) der Antigone‹. Als Antigone nämlich den Leichnam des Polyneikes hochheben wollte, was ihr jedoch zu beschwerlich war, kam sie auf den Gedanken, ihn zu ziehen, und so zog sie ihn denn fort, bis sie ihn auf den bereits brennenden Scheiterhaufen des Eteokles legen konnte.«

Pausanias: Beschreibung Griechenlands. Ein Reise- und Kulturführer aus der Antike. Ausgew., aus dem Griech. übers. und mit einem Nachw. von Jacques Laager. Zürich: Manesse, 2004. S. 513. – © 1998, Manesse Verlag, Zürich, in der Verlagsgruppe Random House GmbH, München

6. Rezeptionsgeschichte

6.1 Ein Überblick

Antigone wurde in den knapp zweieinhalb Jahrtausenden seit der Entstehung ausgiebig diskutiert und in der Kunst immer wieder neu verhandelt. Hanna Rheinz stellt die Rezeption der Tragödie auszugsweise vor:

Q »Nach den antiken Bearbeitungen des Stoffes wird die Figur der Antigone erst im 16. Jahrhundert von der französischen Literatur wieder entdeckt. Auch im Zeitalter des Barock erfährt der Stoff Interesse. Beeinflusst von den Übersetzungen der antiken Tragödien, verfasste G. Rucellai im Jahr 1515 die Tragödie *Rosmunda*, in der er den Stoff an den Hof des Langobardenkönigs Alboin versetzt. Jean de Rotrou schrieb 1638 *Antigone ou La Thébaïde*, und drei Jahrzehnte später (1664) folgte mit *La Thébaïde ou Les frères ennemis* Jean Racine, der das Paar Antigone und Hämon als Verlobte auftreten lässt. Bis auf Racines Drama sanken diese von der christlichen Wertordnung beeinflussten Bearbeitungen des Antigone-Stoffes wieder in Vergessenheit.

Im 18. Jahrhundert rückt unter dem Einfluss der beginnenden politischen Umwälzungen der Revolution das Motiv der Auflehnung gegen Tyrannei und Diktatur, wie sie in der Figur der Antigone versinnbildlicht ist, in den Mittelpunkt des Interesses. Diesen Aspekt beleuchten die Tragödien *Polinice* (1775) und *Antigone* (1776) des italienischen Dramatikers Vittoro Alfieri.

Überdies tauchte der Antigone-Stoff in dieser Zeit in mehr als dreißig musikalischen Bearbeitungen und Opernlibretti auf. Die Opern erlangten zeitweise großen Erfolg, sodass ab Mitte des 17. Jahrhunderts sogar von einer ›Antigone-Mode‹ die Rede war. Obwohl der Antigone-Mythos im Mittelpunkt steht, ist der Bezug zur Urfassung des Sophokles mit seinem tragischen Ende zugunsten eines tröstlicheren Handlungsverlaufs aufgegeben worden. An die Stelle des schicksalhaften Widerstandes der Antigone um die Bestattung ihres Bruders ist die Liebesbeziehung zwischen Antigone und Hämon in den Mittelpunkt gerückt. Antigone ist von Hämon schwanger, Hämon versucht nach Antigones Tod seinen Vater Kreon zu erschlagen, scheitert und begeht Selbstmord, ebenso wie Kreons Gattin und Hämons Mutter Eurydike, die nach dem Tod der beiden Liebenden selbst den Freitod wählt und einen seelisch gebrochenen Kreon zurücklässt.

Die Christianisierung der Antigone-Gestalt setzte sich in zahlreichen Bearbeitungen durch. Während der Kriegszüge der Valois gegen die Guisen Ende des 16. Jahrhunderts verfasste Robert Garnier im Jahr 1580 *Antigone ou la piété*. Hier erscheint Antigone als *Mater dolorosa*, die ebenso wie die christliche Heilige Maria ihren toten Sohn beweint. Ein halbes Jahrhundert später folgt Thomas Mays *Tragedy of Antigone, the Theban Princess* (1631) – ebenfalls mit Bezugnahme auf die aktuelle politische Situation in England.

In der Rezeptionsgeschichte des Antigone-Mythos bilden sich die historischen Veränderungen unterworfenen Frauenbilder ebenso ab wie die Entwicklung des Rechtsbewusstseins, insbesondere die Frage, worauf sich Recht gründet, auf Sittlichkeit oder auf göttliche Ordnung, auf gerechtes Handeln, das die Ordnung des Staates und das Wohl der Gemeinschaft respektiert, oder selbstgerechtes Handeln, das individuellen Impulsen und Neigungen folgt.

Einen wichtigen Beitrag zur Rechtsphilosophie auf der Grundlage der vom Antigone-Mythos abgeleiteten Vorstellung von Recht und Moral lieferte G. W. F. Hegel. Das Ideal der Antigone nach Sophokles, ›Nicht mitzuhassen, mitzulieben bin ich da‹, steht der Idealisierung des Märtyrerinnentodes entgegen. Auch die *Mater dolorosa*, die Schmerzensmutter Maria, die ihren toten Sohn auf dem Schoß hält und ihn beweint, trägt zur Popularisierung des Antigone-Mythos bei. Im 19. und 20. Jahrhundert hat vor allem die Psychoanalyse das Verständnis der Antigone beeinflusst. Antigone wird zur Metapher der Vater-Tochter-Beziehung.

Dies hat den Widerspruch der feministischen Psychoanalyse-Kritik ausgelöst. Die feministischen Literaturwissenschaftlerinnen und Psychoanalytikerinnen Judith Butler und Julia Kristeva plädieren dafür, den Ödipus-Mythos zugunsten des Antigone-Narrativs aufzugeben, zumal ›Antigone‹ ein zeitgemäßeres Frauenbild enthalte.

›Antigone‹ ist überdies Bestandteil der psychoanalytischen Theorie geworden. Im Umfeld des wichtigsten menschlichen Grundkonflikts auf der Stufe der genitalen Sexualität innerhalb der Entwicklung der Persönlichkeit weist die Antigone-Figur im Rahmen des Ödipus-Konflikts auf eine mögliche Lösungsform hin. Auch für die Selbstbeschreibung der Psychoanalyse ist ›Antigone‹ zu einer wichtigen Metapher geworden. Sigmund Freud beispielsweise beschrieb im Rückgriff auf die Antigone-Figur das Verhältnis zu seiner Tochter und Gefährtin.

Als ›meine Antigone‹ titulierte Freud seine Tochter, Lehranalysandin und Mitarbeiterin Anna Freud, die ihr eigenes Leben dem Werk des Vaters Sigmund (Ödipus) widmete. Antigone erscheint hier als Prototyp einer Frau, die in einem Abhängigkeitsverhältnis zum Vater gefangen ist und sich daher in ihrer psychosexuellen Entwicklung nicht zur erwachsenen genitalen Stufe hin entwickelt. Der jungfräulichen Keuschheit der Antigone, die in einem ungelösten prägenitalen Konflikt mit dem Vater fixiert ist, steht jene zur Norm erhobene Frauengestalt gegenüber, die sich zur genitalen Stufe der Sexualität fortentwickelt hat. […]

Bertolt Brecht hat die Deutung der Beziehung von Kreon und Antigone in einen politischen Zusammenhang gestellt. Diese Politisierung des antiken Stoffes ist auch heute noch von ungebrochener Aktualität. Brechts Motto: ›Ungeheuer ist viel. Doch nichts / Ungeheuerer als der Mensch.‹ Der Mensch ist somit des Menschen Schicksal, und dies bedeutet vor allem, der Mensch ist des Menschen Unglück, denn er setzt die vorgegebene göttliche Ordnung der Natur außer Kraft und missbraucht seinen politischen Einfluss, um seinem persönlichen Machtstreben Ausdruck zu verleihen und es zum Maßstab seines Handelns zu machen. 1948 brachte er seine Fassung des Antigone-Stoffes in dem Stück *Die Antigone des Sophokles. Nach der Hölderlinschen Übertragung für die Bühne bearbeitet* heraus. Die Anspielungen auf die aktuelle Nachkriegssituation im besetzten Deutschland sind offenkundig. Die Analogie von Kreon und Hitler, Argos und Stalingrad drängt sich auf. Im Vorspiel wird Polyneikes zum Deserteur, der von der SS hingerichtet wird, und Antigone zu einer Vertreterin des Widerstandes.

Eine Politisierung des Stoffes ist auch bei dem südafrikanischen Dramatiker Athol Fugard in seinem Drama *Die Insel* zu beobachten, das am 2.7.1973 uraufgeführt wurde. Der Antigone-Mythos ist in das 20. Jahrhundert transponiert und verdichtet sich im Zusammenleben von Häftlingen in einem Gefängnis. Die Situation zweier Strafgefangener wird in Beziehung gesetzt zum Konfliktthema der Antigone. Wie Antigone scheinen die Gefängnisinsassen aus dem Leben Verdammte zu sein; sie leben fern der gesellschaftlichen Realität, sind in ihrer eigenen Welt gefangen und von der Gemeinschaft isoliert. Delinquenz und Rassentrennung erscheinen als zeitgemäße Varianten des gescheiterten, mit dem Tod geahndeten Versuchs, gegen die Staatsgewalt zu rebellieren; unter den Bedingungen des Unrechtsregimes wird dies zwangsläufig als Landesverrat interpretiert.

Einen völlig anderen Ansatz verfolgt André Gide. Die Auflehnung gegen die Obrigkeit wird als Gottesrebellion verstanden, denn der irdische Herrscher handelt im Auftrag einer höheren Macht. Sich ihr entziehen zu wollen kommt einem Gottesmord gleich. Als Alternative dazu wird die ›Vernunft des Herzens‹ eingeführt, der es zu folgen gilt, und sei es um den Preis einer Abkehr von der Welt. Nur so gelänge es, die Folgeschäden der Demontage Gottes rückgängig zu machen und die ethischen Werte auf ein menschliches Maß zurückzuführen.

Walter Hasenclevers Nachdichtung der Antigone aus dem Jahr 1917 steht unter dem Vorzeichen des Pazifismus, der durch den Ersten Weltkrieg Auftrieb erhalten hat. Dem Opportunismus und der Kompromissbereitschaft, wie sie von der Tagespolitik diktiert wird, stellt der Autor den Mut einer einzelnen Person gegenüber, die sich einer höheren Moral verpflichtet sieht und diese unter Lebensgefahr verteidigt.

Zu den weiteren bedeutenden Bearbeitungen des Antigone-Stoffes gehört die von Gabriele D'Annunzio gewählte Verbindung von Sexualität und Tod in *Die tote Stadt* (1898); ferner die Ambivalenz zwischen Gewissensnot und Befehl, wie sie bei Alfred Döblin in seinem Roman *November 1918. Eine deutsche Revolution* dargestellt ist. Döblin behandelt Rosa Luxemburg als moderne Antigone. Doch ihr Handeln ist nicht mehr heldenhaft, sondern erscheint als Folge eines nahezu obsessiven Gerechtigkeitssinnes. Antigone wird zum Fall einer ins krankhaft Manische verzerrten Verweigerungshaltung. Antigone wird pathologisiert. In Jean Anouilhs *Antigone* (1942) tritt an die Stelle des universalen Konflikts zwischen göttlichem und menschlichem Gesetz, Schicksal und Geschick, Determinismus und Freiheit der persönliche Konflikt zwischen Kreon und Antigone. Während Kreon das Prinzip der Lebensbejahung vertritt, ist Antigone mit der negativen weiblichen Identität der Lebensverneinung ausgestattet. In der Begegnung von Kreon und Antigone kommen die verschiedenen Facetten des Widerstreits zwischen dem ›kleinen Glück‹ eines Lebens in Kompromissbereitschaft auf der einen Seite und der kompromisslosen Haltung, die zu Einsamkeit führt und am Ende nur noch die Wahl des Todes in Freiheit übrig lässt, auf der anderen Seite zum Ausdruck.

Im autobiographisch angelegten Roman *Meine Schwester Antigone*, den Grete Weil im Jahr 1980 verfasste, verknüpft die Schriftstellerin ihre eigene traumatische Erfahrung einer Holocaust-Überlebenden mit dem antiken Motiv der Weigerung, sich der Willkür und Gewalt zu beugen. Antigones Absolutheitsanspruch ist Teil ihrer Weigerung, sich der Staatsräson anzupassen. Ihr Scheitern wird zum Scheitern jedweder Form des Widerstandes. Auch hier erscheint Antigone als unentwickelte, töchterliche Frauenfigur, die sich dem Leben entzieht und gegen die Mächte des Schicksals kämpft – kurzum: eine Frau, die der Sehnsucht Ausdruck verleiht, ›daß alles Licht und Güte sei‹, und vor die Wahl gestellt, dies als Illusion zu erkennen und aufzugeben, das Leben verneint, das ihr eine solche Wahl aufzwingt.«

Hanna Rheinz: Antigone. In: Antike Mythen und ihre Rezeption. Ein Lexikon. Hrsg. von Lutz Walther. Stuttgart: Reclam, 2009. S. 33–38.

6.2 Johann Wolfgang Goethe

Am 28. März 1827 stellt Johann Wolfgang Goethe (1749–1832) seinem Vertrauten und Schreiber Johann Peter Eckermann (1792–1854) in einem Gespräch seine Einschätzung der *Antigone* vor:

»Das sind Behauptungen, erwiederte Goethe mit einigem Lächeln, an die wohl niemand glauben wird. Kreon handelt auch keineswegs aus Staatstugend, sondern aus Haß gegen den Todten. Wenn Polineikes sein väterliches Erbtheil, woraus man ihn gewaltsam vertrieben, wieder zu erobern suchte, so lag darin keineswegs ein so unerhörtes Vergehen gegen den Staat, daß sein Tod nicht genug gewesen wäre und daß es noch der Bestrafung des unschuldigen Leichnams bedurft hätte.

Man sollte überhaupt nie eine Handlungsweise eine Staatstugend nennen, die gegen die Tugend im allgemeinen geht. Wenn Kreon den Polineikes zu beerdigen verbietet und durch den verwesenden Leichnam nicht bloß die Luft verpestet, sondern auch Ursache ist, daß Hunde und Raubvögel die abgerissenen Stücke des Todten umherschleppen und damit sogar die Altäre besudeln, so ist eine solche Menschen und Götter beleidigende Handlungsweise keineswegs eine Staats-Tugend, sondern vielmehr ein Staats-Verbrechen. Auch hat er das ganze Stück gegen sich. Er hat die Ältesten des Staats, welche den Chor bilden, gegen sich; er hat das Volk im allgemeinen gegen sich; er hat den Teiresias gegen sich; er hat seine eigene Familie gegen sich. Er aber hört nicht, sondern frevelt eigensinnig fort, bis er alle die Seinigen zu Grunde gerichtet hat und er selber am Ende nur noch ein Schatten ist.

Und doch, sagte ich, wenn man ihn reden hört, so sollte man glauben, daß er einiges Recht habe.

Das ist's eben, erwiederte Goethe, worin Sophocles ein Meister ist und worin überhaupt das Leben des Dramatischen besteht. Seine Charactere besitzen alle eine solche Redegabe und wissen die Motive ihrer Handlungsweise so überzeugend darzulegen, daß der Zuhörer fast immer auf der Seite dessen ist, der zuletzt gesprochen hat.

Man sieht er hat in seiner Jugend eine sehr tüchtige rhetorische Bildung genossen, wodurch er denn geübt worden, alle in einer Sache liegenden Gründe und Scheingründe aufzusuchen. Doch verleitete ihn diese seine große Fähigkeit auch zu Fehlern, indem er mitunter in den Fall kam zu weit zu gehen.

So kommt in der Antigone eine Stelle [V. 905–912] vor, die mir immer als ein Flecken erscheint, und worum ich vieles geben möchte, wenn ein tüchtiger Philologe uns bewiese, sie wäre eingeschoben und unächt.

Nachdem nämlich die Heldin im Laufe des Stückes die herrlichsten Gründe für ihre Handlung ausgesprochen und den Edelmuth der reinsten Seele entwickelt hat, bringt sie zuletzt, als sie zum Tode geht, ein Motiv vor, das ganz schlecht ist und fast an's Komische streift.

Sie sagt, daß sie das, was sie für ihren Bruder gethan, wenn sie Mutter gewesen wäre, nicht für ihre gestorbenen Kinder und nicht für ihren gestorbenen Gatten gethan haben würde. Denn, sagt sie, wäre mir ein Gatte gestorben, so hätte ich einen anderen genommen, und wären mir Kinder gestorben, so hätte ich mir von dem neuen Gatten andere Kinder zeugen lassen. Allein mit meinem Bruder ist es ein anderes. Einen Bruder kann ich nicht wieder bekommen, denn da mein Vater und meine Mutter todt sind, so ist niemand da der ihn zeugen könnte.

Dieß ist wenigstens der nackte Sinn dieser Stelle, die nach meinem Gefühl in dem Munde einer zum Tode gehenden Heldin die tragische Stimmung stört und die mir überhaupt sehr gesucht und gar zu sehr als ein dialectisches Calcül erscheint. Wie gesagt, ich möchte sehr gerne daß ein guter Philologe uns bewiese, die Stelle sey unächt.

Wir sprachen darauf über Sophocles weiter und daß er bei seinen Stücken weniger eine sittliche Tendenz vor Augen gehabt als eine tüchtige Behandlung seines jedesmaligen Gegenstandes, besonders mit Rücksicht auf theatralische Wirkung.

Ich habe nichts dawider, sagte Goethe, daß ein dramatischer Dichter eine sittliche Wirkung vor Augen habe; allein wenn es sich darum handelt, seinen Gegenstand klar und wirksam vor den Augen des Zuschauers vorüberzuführen, so können ihm dabei seine sittlichen Endzwecke wenig helfen, und er muß vielmehr ein großes Vermögen der Darstellung und Kenntniß der Bretter besitzen um zu wissen was zu thun und zu lassen. Liegt im Gegenstande eine sittliche Wirkung, so wird sie auch hervorgehen, und hätte der Dichter weiter nichts im Auge als seines Gegenstandes wirksame und kunstgemäße Behandlung. Hat ein Poet den hohen Gehalt der Seele wie Sophocles, so wird seine Wirkung immer sittlich seyn, er mag sich stellen wie er wolle. Übrigens kannte er die Bretter und verstand sein Metier wie einer.«

J. P. E.: Gespräche mit Goethe in den letzten Jahren seines Lebens. Gespräch vom 28. März 1827. Zit. nach: Goethe und die Antike. Eine Sammlung. Hrsg. von Ernst Grumach. Bd. 1. Berlin/Boston: De Gruyter, 1949. S. 264 f.

6.3 Georg Wilhelm Friedrich Hegel

Der Philosoph Georg Wilhelm Friedrich Hegel (1770–1831) setzte sich mit *Antigone* unter anderem in seinen *Vorlesungen über die Philosophie der Religion* und in seinen *Vorlesungen über die Aesthetik* auseinander.

Vorlesungen über die Philosophie der Religion

Q

»Das Fatum ist das Begrifflose, wo Gerechtigkeit und Ungerechtigkeit in der Abstraction verschwinden: in der Tragödie dagegen ist das Schicksal innerhalb eines Kreises sittlicher Gerechtigkeit. Am erhabensten finden wir das in den Sophokleischen Tragödien. Es wird daselbst vom Schicksal und von der Nothwendigkeit gesprochen; das Schicksal der Individuen ist als etwas Unbegreifliches dargestellt, aber die Nothwendigkeit ist nicht eine blinde, sondern sie ist erkannt als die wahrhafte Gerechtigkeit. Dadurch eben sind jene Tragödien die unsterblichen Geisteswerke des sittlichen Verstehens und Begreifens, die ewigen Muster des sittlichen Begriffs. Das blinde Schicksal ist etwas Unbefriedigendes. In diesen Tragödien wird die Gerechtigkeit begriffen. Auf eine plastische Weise wird die Collision der beiden höchsten sittlichen Mächte gegen einander dargestellt in dem absoluten Exempel der Tragödie, *Antigone*; da kommt die Familienliebe, das Heilige, Innere, der Empfindung Angehörige, weshalb es auch das Gesetz der unteren Götter heißt, mit dem Recht des Staats in Collision. *Kreon* ist nicht ein Tyrann, sondern ebenso eine sittliche Macht, *Kreon* hat nicht Unrecht: er behauptet, daß das Gesetz des Staats, die Auctorität der Regierung geachtet werde und Strafe aus der Verletzung folgt. Jede dieser beiden Seiten verwirklicht nur die eine der sittlichen Mächte, hat nur die eine derselben zum Inhalt, das ist die Einseitigkeit, und der Sinn der ewigen Gerechtigkeit ist, daß Beide Unrecht erlangen, weil sie einseitig sind, aber damit auch Beide Recht; Beide werden als geltend anerkannt im ungetrübten Gang der Sittlichkeit; hier haben sie Beide ihr Gelten, aber ihr *ausgeglichenes Gelten*. Es ist nur die Einseitigkeit, gegen die die Gerechtigkeit auftritt.«

G. W. F. Hegel: Sämtliche Werke. Jubiläumsausgabe. Hrsg. von Hermann Glockner. Bd. 16: Vorlesungen über die Philosophie der Religion. Zweiter Theil. Stuttgart: Frommann, 1928. Zweiter Abschnitt: Die Religion der geistigen Individualität. S. 133 f.

Vorlesungen über die Aesthetik

Q

»Die vollständigste Art dieser Entwickelung ist dann möglich, wenn die streitenden Individuen, ihrem konkreten Daseyn nach, an sich selbst jedes als Totalität auftreten, so daß sie an sich selber in der Gewalt dessen stehn, wogegen sie ankämpfen, und daher das verletzen, was sie ihrer eigenen Existenz gemäß ehren sollten. So lebt z. B. Antigone in der Staatsgewalt Kreon's; sie selbst ist Königstochter und Braut des Haemon, so daß sie dem Gebot des Fürsten Gehorsam zollen sollte. Doch auch Kreon, der seiner Seits Vater und Gatte ist, müßte die Heiligkeit des Bluts respektiren, und nicht das befehlen, was dieser Pietät zuwiderläuft. So ist Beiden an ihnen selbst das immanent, wogegen sie sich wechselsweise erheben, und sie werden an dem selber ergriffen und gebrochen, was zum Kreise

Abb. 8: Georg Wilhelm Friedrich Hegel. Stich von F. W. Bollinger nach einer in den Jahren 1816–18 entstandenen Vorlage von Johann Christian Xeller, 1819

ihres eigenen Daseyns gehört. Antigone erleidet den Tod, ehe sie sich des bräutlichen Reigens erfreut, aber auch Kreon wird an seinem Sohne und seiner Gattin gestraft, die sich den Tod geben, der eine um Antigone's, die andere um Haemon's Tod. Von allem Herrlichen der alten und modernen Welt, – ich kenne so ziemlich Alles, und man soll es und kann es kennen, – erscheint mir nach dieser

Abb. 9: Titelvignette zu Felix Mendelssohn Bartholdys Schauspielmusik *Antigone*, op. 55

Seite die Antigone als das vortrefflichste, befriedigendste Kunstwerk.«

G. W. F. Hegel: Sämtliche Werke. Jubiläumsausgabe. Hrsg. von Hermann Glockner. Bd. 14: Vorlesungen über die Aesthetik. Dritter Theil. Stuttgart: Frommann, 1928. Dritter Abschnitt. Kap. 3: Die Poesie. S. 556.

6.4 Felix Mendelssohn Bartholdy

In der Musik wurde das Stück auf vielfältige Weise aufgegriffen. So hat der deutsche Komponist Felix Mendelssohn Bartholdy (1809–1847) 1841 eine Schauspielmusik für Orchester und Männerchor komponiert. Er bezieht sich dabei auf die Chorszenen von Sophokles' *Antigone*. 1842 erschien die Erstausgabe des Klavierauszugs von Mendelssohns Komposition; die Titelvignette, gezeichnet von Julius Hübner (1806–1882), zeigt uns Antigone bei der Bestattung ihres Bruders Polyneikes (vgl. Abb. 9, S. 95).

6.5 Alfred Döblin

1950 erschien Alfred Döblins (1878–1957) vierbändiger Roman *November 1918. Eine deutsche Revolution*. Dort beschreibt der Schriftsteller eine Schulstunde rund um Sophokles' *Antigone* im Jahr 1918. Der Griechischlehrer Dr. Becker war als Soldat im Ersten Weltkrieg.

Q

»Was half es Becker, da doch sicher eine Art Komplott vorlag, daß er diese Gegenüberstellung der ›Antigone‹ und des ›Prinzen von Homburg‹[1] ablehnte. Seinen Erklärungen setzte der Primus[2] nonchalant[3] die Bemerkung entgegen: ›Gut, dann ist das eben griechisch. Wir haben dazu nichts zu sagen. Es ist uns fremd, exotisch. Für uns Deutsche ist und bleibt und soll bleiben das Vaterland das höchste Gebot, und zwar absolut und durchaus. Und da werden keine Kompromisse zugelassen.‹

Becker blickte auf den feinen intelligenten Primus, das Herrchen, das dasaß und sich nichts anmerken ließ. Er bezwang sich. Diese Generation hat nichts gelernt. Wann würden sie wohl lernen? Wodurch? Wie tief mußte das Messer schneiden, bis sie Schmerz empfanden. Und ohne daß er wußte, warum, kam er auf den Krieg zu sprechen, ein Plädoyer in eigener Sache:

1 In dem Drama *Prinz Friedrich von Homburg* von Heinrich von Kleist (1777–1811) kann der Protagonist als Anführer eines Truppenteils in einer kritischen Schlacht den Sieg herbeiführen. Er wird danach jedoch zum Tode verurteilt, weil er mit seinem Eingreifen gegen die strategischen Anweisungen der Heeresführung verstoßen hat.

2 Primus: der Klassenbeste

3 nonchalant: lässig, locker

›Nehmen Sie ein praktisches Beispiel. Keiner von uns, die 1914 ins Feld zogen, warf die Frage auf: Göttliches Recht oder Staatsrecht? Es war wie 1813, der König rief, und alle, alle kamen. Wir waren Männer, wir hatten den Treueid geschworen und folgten der Fahne. Keiner von denen, die ich kannte, niemand, der auch nur einmal den Staat, unseren Staat kritisierte und sich von ihm als einzelner absonderte. Keiner von uns zögerte, für ihn in den Tod zu gehen.‹

Man saß still. Ein einzelnes Trampeln. Dann trampelte die ganze Klasse.

›Wir gehorchten. Die Antithese: Individuum gegenüber dem Staat existiert aber dauernd im Frieden. Sie soll und muß existieren, da wir Träger des Staates sind. Bei Ausbruch eines Krieges müssen Sie sich über Ihr Verhältnis zum Staat völlig klar sein, um gut zu wissen: Dafür gebe ich mein Leben hin.‹

Becker begann jetzt sehr leise zu sprechen, den Blick auf die Pultplatte. Er stand zum erstenmal als Christ unter Heiden und war gezwungen zu bekennen, auch wenn es zum Martyrium führte:

›Es ist ein furchtbares Ding, in die Hand des lebenden Gottes zu fallen. Das zeigte auch dieser Krieg. Wir standen in Deutschland strahlend da. Und so traten wir in den Krieg ein. Wir haben uns mit unserer ganzen Kraft, mit unserem ganzen Willen und Wissen eingesetzt und sind zusammengebrochen, als Kollektivum. Es ist unter diesen Umständen sinnlos und unwürdig, wie man es jetzt im Inland und Ausland tut, nach Kriegsverbrechern zu suchen. Man liest, daß unsere ehemaligen Gegner Listen vorbereiten mit Namen von Männern, die die eigentlichen Kriegsschuldigen wären. Wir alle, jung oder alt, die leben, die vor dem Krieg gelebt haben und am Krieg teilnahmen, hüben und drüben, sind schuldig. Das Ganze ging in den Krieg, das Volk, und wurde bestraft.‹

Schröter räusperte sich laut und warf, als Becker pausierte, in einem leichten Tone ein: ›Woran soll man denn schuld sein?‹

Andere, die schon eingeschüchtert waren, nickten: ›Ja, bitte, worin soll eine Schuld liegen?‹

Becker: ›Da haben Sie die dunkle Frage. Sie sehen die Strafe. Das Unglück liegt auf der Hand. Untersuchen Sie, es hat keiner eine greifbare Schuld. So wenig Ödipus eine hatte. Aber irgend etwas, etwas über uns, fällt sein Verdikt.‹

Der Primus, auf den die ganze Klasse blickte, saß straff aufgerichtet da und hörte Becker zu, als spräche er zu ihm. Er hielt den Mund gespitzt und sprach zu Becker, als wenn er ihn verhörte:

›Und wer soll dieses dunkle Etwas sein, dieses über uns, bitte?‹

Sein hochmütiger Ton irritierte den blassen und versonnenen Mann, den Lehrer da oben, nicht. Der war schon im Zug, die Gedanken zu äußern, die ihn befielen, und er fing unvermittelt vom Tod an:

›Hinter der Frage ‚Staat und Individuum' oder ‚Pflicht gegen Staat und ein ungeschriebenes Gesetz' versteckt sich die Frage nach dem Tod. Und da sind wir eigentlich auf den Kernpunkt der Tragödie ‚Antigone' gestoßen. Einige von Ihnen haben Anstoß daran genommen, daß sich eine ganze Tragödie auf dem Streit aufbauen soll: Soll ein Toter beerdigt werden oder nicht? Ihnen schien solch Streit wegen einer Bestattung und seine ungeheuerlichen Konsequenzen absurd. Aber, um es Ihnen exakt zu formulieren: Das Thema der ‚Antigone' ist weder ‚Gefühl gegen Pflicht' noch ‚Pflicht gegen den Staat gegenüber Pflicht gegen die Himmlischen', sondern: ‚Wie hat sich die Welt der Lebenden zur Welt der Toten zu verhalten?'‹

Die Schüler unten blickten sich an, einige grinsten, einer flüsterte: ›Fatzke‹, andere waren gefesselt und mußten folgen.

Becker: ›Die Heldin des Stücks empfindet den Tod als ein sehr wichtiges Ding. Und in der Tat: Der eigentliche Held des Stückes ist nicht sie, sondern – der tote Polyneikes. Es handelt sich in dem Stück um den Rechtsanspruch eines Toten an die Lebenden. Ein Krieger ist gefallen. Er hat kein reines Andenken hinterlassen. Dieser Tote wird nicht sichtbar und nicht fühlbar, nicht einmal hörbar, aber er drängt sich in die Sphäre der Lebenden ein und findet einen Anwalt in seiner Schwester Antigone. Es ist eine Frau, die sich seiner annimmt. Wie die Frau das Ungeborene, das noch nicht Vorhandene empfängt. Er ist behindert und kann sich selbst nicht äußern, aber er agiert in ihr, bedient sich ihres Körpers und ihrer Seele, und sie kann sich ihm nicht entziehen. Und sie entzieht sich ihm auch nicht. Denn was er fordert ist sein Recht. Sie spricht für ihn und bringt seine Argumente vor. Eine Stütze seiner Existenz, eine Pflege wird von dem Toten verlangt. Wir wollen uns nicht mit den Vorstellungen der Alten über die Existenzweise der Toten befassen. Sie stellten sich vor, die Toten lebten als Schatten in der Unterwelt. Aber sicher war den Alten: Das Leben des Menschen fällt nicht mit einer sichtbaren Existenz zusammen. Es ragt darüber hinaus. Die Alten meinten, wie wir auch aus diesem herrlichen Stück erfahren: Wir sollen mit Ehrfurcht und Schauern auf das Jenseits unserer sichtbaren Existenz blicken.‹

(So wie Antigone sich ihres einen toten Bruders annimmt, habe ich mich vieler Gefallener anzunehmen, vieler zu früh Gestorbener und bewußtlos Dahingegangener. Ich weiß es, ich diene ihnen, ich vergesse sie nicht.)

Er fuhr fort, nach einer jetzt recht respektvollen Bitte aus der Mitte der Klasse, doch von sich aus mehr darüber zu sagen – auf eine Weise, die sie überraschte. Er sprach nämlich von der merkwürdigen Gegenbewegung in unserm astronomischen und unserm geistigen Weltbild. Mit Kopernikus hätte sich unsere astronomische Welt erweitert, die Erde, die früher kaum ein paar tausend Jahre alt war, habe jetzt ihre Jahrmillionen auf dem Buckel, und von der Weite des Weltalls könne man schon überhaupt nicht mehr reden, alle Begriffe, alle Zahlenvorstellungen versagten da.

›Und entgegengesetzt dazu die Schrumpfung unserer geistigen Welt. Der Mensch wird immer kleiner, immer unbedeutender. Die Abstammungslehre verdammt ihn zu einer einzelnen Tierart in einer riesigen Reihe. Sein Geist wird zu einem Organ der Nützlichkeit, zu einem bloßen Instrument, womit er sich auf der Erde behauptet. Und wenn dann der Tod über solch Menschentier kommt, so kann natürlich sein Sterben nicht viel mehr Interesse beanspruchen als das eines Kalbes oder eines Grashalmes.

Aber nun sehen wir einmal selber ruhig die Dinge an. Da liegt im Stück des Sophokles auf dem Feld der Stadt ein Toter, ein gefallener Krieger. Ist es nur ein verwesender Körper? Gibt es Polyneikes nicht mehr? Antigone sagt und weiß, er lebt, er führt eine andere Existenz, verschwunden aus dem Dasein ist er nicht, und er läßt sie nicht los, ihr Bruder, und sie läßt ihn nicht los. Sie muß ihn ehren und ihm dienen, mindestens, indem sie seinen Körper bestattet. Wir von heute haben andere Vorstellungen über Tod und Leben als die Alten. Aber wir wissen, wir haben nur eine kurze sichtbare körperliche Existenz. Und da fahren wir in einem kleinen Boot über einen Ozean. Nennen Sie diesen Ozean, wie Sie wollen, bloß Jenseits oder bloß Tod, er ist jedenfalls nicht einfach ‚Tod im Sinne des Endes, des Nichts'. Ein tiefsinniger alter lateinischer Vers, den Sie wohl in der Lutherübersetzung kennen, sagt: ‚Mitten wir im Leben sind mit dem Tod umfangen'.‹

Er fügte noch hinzu, indem er den Ton wechselte – er hatte zuletzt leise wie vor sich gesprochen:

›Nun, wenn Sie sich jetzt vor die Frage stellen: wie soll sich der Staat, unzweifelhaft eine Realität, zum Tod, einer andern Realität, verhalten, so werden Sie vielleicht vorsichtiger als vorhin antworten.‹

Die jungen Leute waren gespannt gefolgt. Sie fühlten dunkel, daß dies ein Erlebnis aus dem Feld war. Aber einige ärgerten sich, und ärgerten sich auch über die Dummköpfe, die sich von Becker einfangen ließen. In dieser Weise konnte man die ganze geplante Schlacht verlieren.

Schröter, der Primus, erklärte plötzlich mit klarer, kalter Stimme, daß es auf diese Dinge gar nicht ankäme.

Becker: Auf was es denn ankäme?

›Einfach darauf, ob man einen klaren Begriff von der Nation hat und was man ihr schuldig ist. Es besteht heute kein Bedarf an Spiritismus. Die Nation braucht einzig Männer, die sich ihrer annehmen.‹

›Worauf, um's Himmels willen, wollen Sie hinaus, Schröter? Und ich hoffe, ich hoffe, Sie überlegen sich genau, was Sie sagen.‹

Schröter war aufgestanden und stand neben der Bank genauso vor Becker wie zu Hause, an der Stubentür, bevor er seine kurze Verbeugung machte.

›Wir erwarteten, Herr Dr. Becker, von Ihnen klare Parolen und Gesichtspunkte, besonders bei einem so prekären Thema wie ‚Antigone gegen den Staat'. Wir stellen mit Bedauern fest, daß wir auf Sie nicht rechnen können. Ich bin aber, so wie die Dinge liegen, auch verpflichtet, Ihnen mitzuteilen, daß die Klasse, die zur Zeit Ihrem Griechischunterricht folgt, in Streik treten wird, wenn der Direktor es noch einmal wagt, den Klassenraum zu betreten.‹

Es war eine völlig vorbeigeratene Attacke. Der Primus hatte blind daraufzugestoßen. Becker bemerkte sofort, daß die meisten Jüngeren mit gesenkten Köpfen dasaßen und sich schämten. Er blieb ruhig und zog seine Uhr. Es war kurz vor zehn.

›Sie verlassen augenblicklich die Klasse, Schröter, und melden sich im Direktorzimmer bei Professor Wendig. Sofort.‹

Ohne Umstände, erhobenen Hauptes, parierte Schröter. Becker hatte noch gerade Zeit, die Aufgaben für die nächste Stunde zu diktieren, als es läutete.

Er bemerkte, wie er hinausging, die gedrückte Stimmung der Prima[4]. Aber er wußte nicht, daß es sein letzter Unterricht in der

4 Prima: damals übliche Jahrgangsstufenbezeichnung für eine Klasse der gymnasialen Oberstufe (der heutigen 12. Klasse vergleichbar)

Klasse war. Dicht vor der Tür stieß er auf den Professor Wendig selber, der nebenan unterrichtet hatte. Im Gehen teilte ihm Becker den Vorfall mit. Der Professor hörte bekümmert zu. Ja, die Dinge seien schon weit gediehen. Natürlich werde er Schröter vernehmen und entsprechend bestrafen. Er bat Becker, sich nur nicht persönlich getroffen zu fühlen, es ginge ja nicht gegen ihn. Es war ein unsicheres lauwarmes Gerede.«

Alfred Döblin: November 1918. Eine deutsche Revolution. Teil 3: Karl und Rosa. Frankfurt a. M.: S. Fischer, 2008. –

6.6 Peter von Matt

Der Germanist und Schriftsteller Peter von Matt interpretierte 1995 in seinem Buch *Verkommene Söhne, mißratene Töchter. Familiendesaster in der Literatur* auch *Antigone*. Er analysiert dort unter anderem die Beziehung zwischen Haimon und seinem Vater Kreon:

»Im Unterschied zu den geläufigen Untersuchungen des Sophokles-Stücks soll hier eine Szene betrachtet werden, die sonst immer als Nebenereignis gehandelt wird. Sie hat zwar im Werkganzen ihre Funktion, wird darin aber fraglos überstrahlt von den zwei Auftritten Antigones mit und gegen Kreon. Diese sind in das Gedächtnis der Menschheit eingebrannt, sind darin ›Bild‹ geworden, das immer neu auf Gestaltung drängt. Die Haimon-Kreon-Szene reicht an dieses Äußerste, was der Kunst überhaupt möglich ist, nicht heran. Für die Geschichte der mißratenen Kinder in der Literatur aber und für das Problem, wie es zur fatalen Diagnose dieser Beschaffenheit kommt, im Rückgriff auf welche Normen sie ausgesprochen wird, ist der Auftritt so unersetzlich wie der baumelnde Absalom und das bewegte Gesicht des Konsuls Brutus.

Daß die Szene Gerichtscharakter hat und den Begriff des Tribunals rechtfertigt, beweist ihr Schluß. Vorher hat Kreon die verurteilte Antigone ins Haus führen und dort eingesperrt halten lasssen, noch unentschieden über den Zeitpunkt der Urteilsvollstreckung. Jetzt ruft er, rasend, als letztes Argument gegen den Sohn, das schon keines mehr ist, sondern Antwort als Tat:

Abb. 10: Antigone begräbt ihren Bruder Polyneikes, Burgtheater Wien 2015
(Regie: Jette Steckel, Aenne Schwarz in der Rolle der Antigone)
Wikimedia Commons, Foto: Christian Michelides / Burgtheater / CC BY-SA 4.0

Holt das Gezüchte! – Auf der Stelle sterbe sie
Ganz nah vor ihm, vor Augen ihm, dem Bräutigam!

Was heißt das? Man muß hier sorgfältig unterscheiden. Der Vater benützt das Urteil über Antigone, um den Sohn zu verurteilen. Dieser soll bei der Exekution der Geliebten zuschauen. Das hat seinerseits Exekutionscharakter. Es ist mehr als nur ein häßlicher Zug. Der Sohn wird zum Mitgerichteten. Er muß mitvollziehen, was der geliebten Frau geschieht. Das ist zusammenzusehen mit der Bemerkung Haimons, die wenig früher gefallen ist: Wenn Antigone stirbt, dann ›nimmt sie einen mit‹. Die doppeldeutige Wendung kann als Drohung gegen den Vater wie als Ankündigung eines Suizids verstanden werden. So oder anders riskiert Kreon also mit seiner erlesenen Grausamkeit eine letale Konsequenz, riskiert sie oder will sie sogar provozieren. Er nimmt in Kauf, daß der einen Hinrichtung ein zweiter Tod folgt.

Dieser Akt scheint drakonischen Alleinherrschern instinkthaft nahezuliegen. Der berühmteste Parallelfall, nicht in der Literatur, sondern in der leibhaftigen Geschichte, ist die Maßnahme Friedrich Wilhelms I. von Preußen gegen seinen Sohn, den späteren Friedrich den Großen. Dieser hatte sich, 18jährig, der unablässigen Kujonierung und Mißhandlung durch den königlichen Vater entziehen wollen. Sein engster Freund Katte, den er liebte wie vielleicht sonst nie einen Menschen in seinem ganzen Leben, wußte um die Pläne, hatte mitgedacht und mitgeplant. Als die Sache aufflog, wurde Katte des Hochverrats angeklagt. Das Kriegsgericht verurteilte ihn zu lebenslanger Festungshaft, der König befahl die Exekution. Dabei mußte der junge Friedrich auf ausdrücklichste Anordnung vom Fenster aus dem Geschehen im Hof zusehen. Der Vorgang machte europaweit Aufsehen und prägte sich auch der künstlerischen Phantasie der Epoche ein – so wie er selbst vielleicht zustandegekommen war über literarische Erinnerungen, gespenstische Bilder von Szenen der römischen Linie im Königskopf. Heiner Müller hat den Vorgang in einer winzigen Szene dramatisiert, wobei der König, als die Schüsse gefallen sind, sagt: ›Das war Katte.‹ Darauf der Sohn: ›Sire, das war ich.‹ Müller macht damit öffentlich, was sich im Befehl sowohl des Preußenkönigs als auch des thebanischen Kreon versteckt: die symbolische Hinrichtung des Sohnes selbst. […]

Es spricht für die hohe Freiheit, in der sich Haimon in der ›Antigone‹ bewegt, bewegen darf nach dem Willen des Dichters und der Überzeugung der Zeit, daß er die Anordnung des Vaters mit einer Handbewegung zunichte macht: ›Nein, mir vor Augen niemals – denke das nur nicht! – / Wird diese sterben mir so nah (…).‹ Und er geht weg, indem er zum Schluß den Strafakt des Königs noch gegen diesen selbst dreht. Du wirst mich nie mehr ›mit Augen wiedersehn‹. Dem Zwang zum Sehen antwortet er mit einem Entzug des Sehens. ›Auge‹ steht hier auch sprachlich spiegelgleich gegen ›Auge‹. So knapp die Stelle ist, es verkörpert sich in ihr doch eine historisch bedeutsame Konstruktionsregel des ganzen Auftritts: das genaue Gleichgewicht der Kontrahenten, die formale Balance zwischen Vater und Sohn in einem nahezu mathematischen Sinn. Da ist nichts von der entsetzlichen Einseitigkeit der römischen Geschichten, wo der Rhetorik der Väter so oft das Schweigen der Kinder gegenübersteht. Bis in die Verszahl ist das bei Sophokles ausgewogen. Der langen Rede Kreons antwortet die ebensolange Rede Haimons – genau geprochen: 42 Verse zählt die eine, 41 die andere –, und darauf folgt die große Wechselrede in der Form der Stichomythie, Vers für Vers, wo sich das Gleichgewicht von Sekunde zu Sekunde bestätigt. […]

Wenn man den Text der Szene minuziös studiert, und zwar nicht nur auf die Qualität der Argumente hin, die der Vaterkönig vorbringt, sondern auch auf deren Häufigkeit und Massierung, dann fällt eine Merkwürdigkeit ins Auge. Im Unterschied zu Hegels These von der tragischen Harmonie, wonach gleichmäßig auf der einen Seite mit dem Licht- und Höhengott Zeus, auf der anderen mit den dunklen Göttern der Tiefe operiert werde, auf der einen Seite mit dem öffentlichen Gesetz des Staates und auf der anderen mit der Familienliebe, zeigt sich hier, daß Kreon den Zeus nur nebenhin ins Feld führt, daß er den Staat nicht wirklich religiös fundiert. Er stellt ihn vielmehr als den Raum der klaren, rationalen Ordnung hin, die bestimmt wird von der Subordination der Bürger unter den verantwortlichen Herrscher. An die Stelle der von Hegel behaupteten theologischen Legitimation des Staates tritt bei Kreon in dieser Szene so überraschend wie überwältigend ein anderes Argument: die Geschlechtertheorie. Was er dem Sohn gegenüber am wildesten bekämpft und wovon Hegel kein Wort sagt, ist die Frau, die Frau als entscheidungsfähiges Wesen, die Frau als politisches Wesen, die Frau als bestimmendes und lenkendes Wesen. Die Berufung auf Zeus erscheint nur als ein Element in der passionierten Beschwörung des männlichen Prinzips innerhalb der sozialen Ordnung. Wenn Kreon, wie Hegel betont, den Staat vertritt, die Polis, die Gleichheit der Bürger vor dem Gesetz, und das tut er tatsächlich, dann geht dies, was Hegel nun allerdings verschweigt, demonstrativ und klar reflektiert zusammen mit einer programmatischen Herrschaft des Mannes. Aus allen Argumenten und Ausbrüchen des Königs in dieser Szene wird deutlich, daß er in Antigone die Frau sieht, die das Herrschaftsmonopol des Mannes in Frage stellt. In ihr bedroht die Frau als Gattung, nicht als einzelne, die Frau als Geschlecht, nicht als Charakter die politische Ordnung. Hinter dem religiösen Gegensatz von Zeus und Hades, hinter dem gesellschaftlichen von Polis und Familie erscheint als dritter, von mächtigen Emotionen bewegt, der Gegensatz zwischen dem Machtmonopol des Mannes und dem Handlungsanspruch der Frau. Kreon kämpft nicht einfach für Zeus, er kämpft für sein eigenes Geschlecht, das Zeus, der phallische Gott, der Beischläfer und Bespringer in jeder Männer- und Männchengestalt, auf höchste Art verkörpert. Nach dem Zeugnis dieser Szene und jener Momente insbesondere, wo ihm die Wut die Zunge völlig löst, erlebt Kreon in Antigone jene unbedingt selbständige Frau im Männerstaat, als die im ›Homburg‹[5] für kurze Zeit Natalie erscheint – schockartig dazu gedrängt durch den Verfall aller männlichen Panzerung beim Prinzen. Wenn zu jedem literarischen Text die ihm innewohnende Konstruktion der Geschlechter gehört – als ein prozeßhaftes Geschehen, wie das Werden der Moral im Werk –, dies aber in der Regel über verhaltene Signale und Andeutungen läuft, so tritt sie hier für einmal mächtig in Erscheinung, nicht als Nebenklang, sondern als Hauptsache.

Wie Haimon auftritt, weiß er um das Todesurteil über seine Braut. Kreon, etwas nervös deswegen, stellt gleich die Frage: Bist du nun wütend, oder liebst du mich weiterhin? Damit will er die Zustimmung des Sohnes einfädeln. Er legt ihm eine Schlinge. Aus einem Ja, er liebe doch den Vater, würde er sogleich auf das Einverständnis auch mit dem Urteil schließen. Haimon antwortet geschickt, mit gleicher Raffinesse. Dein bin ich, Vater, sagt er, deine Weisheit lenkt mich, und auch die Ehe steht mir nicht höher, ›wenn du mich zum Guten führst‹. Das gefällt dem Fürsten. Die Bedingung Haimons, das ›wenn‹ oder ›falls‹, beachtet er nicht. Und so legt er denn los mit einer großen Theorie über Väter und Söhne, Väter und Familien, Familien und Staat.«

Peter von Matt: Verkommene Söhne, mißratene Töchter. Familiendesaster in der Literatur. München/Wien: Hanser, 1995. S. 103–105, 109 f. –

5 Gemeint ist das Drama *Prinz Friedrich von Homburg* von Heinrich von Kleist (1777–1811); vgl. S. 96, Fußn. 1.

6.7 Kurt Steinmann

Der Altphilologe und Übersetzer der *Antigone*, Kurt Steinmann, fasst drei Grundmuster der Interpretation zusammen, die das Stück im Laufe der Zeit erfahren hat:

»Die Deutungen der *Antigone* sind sehr zahlreich; sie lassen sich indes auf drei Grundmuster reduzieren:

Radikal antithetische Deutung:

Antigone ist absolut im Recht, wenn sie für die Bestattung ihres Bruders eintritt. Kreon, wenn er die Bestattung des Toten versagen will, ist absolut im Unrecht. Er ist der selbstherrliche, selbstbefangene Tyrann, dem die Macht zu Gebote steht, Antigone ist die edle Rebellin, die aus höherem, besserem Wissen um ihrer Überzeugung willen den Tod auf sich nimmt. Dies ist die am weitesten verbreitete Deutung.

Kreon ist absolut im Recht, Antigone absolut im Unrecht: In dieser Form wird die These nicht vertreten. Aber nicht zu verkennen ist, dass Antigone alle Verpflichtungen, die mit ihrer Mitgliedschaft in der Stadt verbunden sind, ignoriert. In Jean Anouilhs *Antigone* (1942) ist Créon der Mann der Kompromisse, der Vernunft, während Antigone die Maßlosigkeit verkörpert, die nur sich selbst kennt: Sie negiere das Leben, weil es nichts gebe, wozu sie ja sagen könnte.

Isonomische Deutung (nach Hegel):

Antigone verletzt das Recht des Staates, Kreon das der Familie: zwei gleichberechtigte Prinzipien. Hegel schreibt: ›[…] da [in der *Antigone*] kommt die Familienliebe, das Heilige, Innere […], weshalb es auch das Gesetz der unteren Götter heißt, mit dem Recht des Staats in Collision. Kreon ist nicht ein Tyrann, sondern ebenso eine sittliche Macht, Kreon hat nicht Unrecht […]. Jede dieser beiden Seiten verwirklicht nur die eine der sittlichen Mächte, […] das ist die Einseitigkeit, und der Sinn der ewigen Gerechtigkeit ist, daß Beide Unrecht erlangen, weil sie einseitig sind, aber damit auch Beide Recht […].‹ Doch sicher ist: Die ›völlige Parität von Antigone und Kreon entspricht nicht dem Sophokleischen Wortlaut‹ (W. Schadewaldt […]).

Mischform:

Kreon ist im Unrecht, doch er hat in seinem Unrecht manches für sich anzuführen:

1. Law and order (*nómos* und *kósmos*) sind nicht a priori negative Mittel der Staatslenkung.
2. Kreon hegt keinen persönlichen Hass gegen Polyneikes. Dieser war als Feind des Vaterlandes nach griechischer Auffassung auch Feind der Landesgötter.
3. Das allgemeine Menschenrecht auf Bestattung im Tode für den Landesfeind war zur Zeit der Aufführung der *Antigone* noch nicht unumstritten.
4. Kreon war erst seit kurzem an der Macht. Wachsamkeit und abschreckende Strenge taten zur Befestigung der neuen Herrschaft not. Ein König wird am unparteiischen Verhalten seinen Angehörigen gegenüber gemessen.

Antigone ist im Recht, doch gegen sie spricht: das Schroffe, Herbe, Wilde, Eigensinnige ihres Charakters, besonders in ihrer Haltung gegenüber Ismene. Die Radikalität Antigones wirkt bedrohlich, man meint zu erkennen, dass sie in Verfolgung ihrer Ziele kein Mittel scheuen würde, aber eben dieser Wille, Gesetz um des (ungeschriebenen) Rechts willen – wir könnten auch Gewissen sagen – zu übertreten, macht diese Mädchengestalt so ungemein anziehend und – unter Umständen – vorbildhaft. Würde die Welt den Kreons überlassen, sie würde erstarren in Gesetz, Sitte, Regel, Ordnung und Norm; würden die Autonomen (in Vers 821 wird Antigone *autónomos* genannt), die Ungebundenen, die Eigensinnigen, Leidenschaftlichen, dem Gefühl Gehorchenden den Sieg erringen, die Welt fiele dem Chaos anheim. Leben braucht, um bestehen zu können, Formen, Gesetze, Regeln, braucht aber auch, um Leben bleiben zu können, immer wieder den Einfluss des die Fesseln Sprengenden, Einseitigen, Unbegrenzten. Leben entwickelt sich in der Dialektik von Bewegung und Erstarrung, von Fortschritt und Tradition. So hat Hölderlin die *Antigone* gedeutet. In Kreon und Antigone hat er das Gegensatzpaar des ›Allzuförmlichen‹ und ›Unförmlichen‹ gesehen.«

Sophokles: Antigone. Tragödie. Übers., Anm. und Nachw. von Kurt Steinmann. Stuttgart: Reclam, 2013 [u. ö.]. S. 69–71.

7. Literaturhinweise

Barié, Paul: »Vieles Gewaltige lebt …«. Strukturale Analyse eines tragischen Chorliedes. In: Der altsprachliche Unterricht 14 (1971) H. 4. S. 5–40.

Blume, Horst-Dieter: Einführung in das antike Theaterwesen. Darmstadt ³1991.

Diller, Hans (Hrsg.): Sophokles. Darmstadt ²1986.

Durgut, Ismail [u. a.]: Das antike Drama. Politik auf der Bühne bei Aischylos, Euripides, Sophokles und Aristophanes. München 2014.

Eberlein, Erich: Über die verschiedenen Deutungen des tragischen Konflikts in der Tragödie Antigone des Sophokles. In: Gymnasium 68 (1961) S. 16–34.

Frenzel, Elisabeth: Antigone. In: E. F.: Stoffe der Weltliteratur. Ein Lexikon dichtungsgeschichtlicher Längsschnitte. 9., überarb. und erw. Aufl. Stuttgart 1998. S. 51–54.

Giebel, Marion: Erläuterungen und Dokumente. Sophokles: Antigone. Bibliogr. erg. Ausg. Stuttgart 2003 [u. ö.]. (Reclams Universal-Bibliothek. 8195.)

Hayo, Martina / Walther, Lutz (Hrsg.): Mythos Antigone. Texte von Sophokles bis Hochhuth. Leipzig 2004 (Reclam Bibliothek Leipzig. 20100.)

Lefèvre, Eckard: Die Unfähigkeit, sich zu erkennen: Sophokles' Tragödien. Leiden [u. a.] 2001.

Paulsen, Thomas: Geschichte der griechischen Literatur. Stuttgart 2004 [u. ö.]. (Reclams Universal-Bibliothek. 17657.) S. 116–129.

Pelster, Theodor: Lektüreschlüssel XL. Sophokles: Antigone. Stuttgart 2018. (Reclams Universal-Bibliothek. 15483.)

Rösler, Wolfgang: Der Chor als Mitspieler. Beobachtungen zur Antigone. In: Antike und Abendland 29 (1983) S. 107–124.

Schmidt, Jens-Uwe: Größe und Grenze der Antigone. In: Saeculum 31 (1980) H. 4. S. 345–379.

Schmitt, Arbogast: Bemerkungen zu Charakter und Schicksal der tragischen Hauptpersonen in der Antigone. In: Antike und Abendland 34 (1988) S. 1–16.

Schwinge, Ernst-Richard: Die Rolle des Chors in der sophokleischen Antigone. In: Gymnasium 78 (1971) S. 294–321.

Seeck, Gustav Adolf: Die griechische Tragödie. Bibl. erg. Ausg. Stuttgart 2017. (Reclams Universal-Bibliothek. 17621.)